Peter Stützer · Franz Beckenbauer

Der Kaiser Franz Beckenbauer

von Peter Stützer

Delphin Verlag

Organisation und Redaktion:
Büro Dr. Christian Zentner, München.
Bildnachweis für Umschlag und Innenteil:
Archiv Zentner, Lorenz Baader, Sven Simon.

Umschlag: Christa Manner, München.
Satz: Typodata GmbH, München.
Gesamtherstellung: May & Co, Darmstadt.
Printed in Germany · ISBN 3.7735.5257.2

Inhalt

Vorwort

Wenn der Sohn eines Postobersekretärs aus dem Münchner Arbeiterviertel Giesing selbst in den angloamerikanischen Medien als »the Kaiser« tituliert wird, steckt gewiß eine außergewöhnliche Lebensgeschichte dahinter. Franz Beckenbauer, die Fußball-Majestät, ist mit seinen gerade erst 40 Jahren eine weit über den sportlichen Rahmen hinaus respektierte und populäre Persönlichkeit, ein wenig ist er schon zur Legende geworden.

Dank einer unglaublichen Sensibilität in beiden Füßen ist er zum besten Spieler der 70er Jahre aufgestiegen. Keiner hat den Ball so beherrscht wie er, keiner hat ähnliche Erfolge vorzuweisen: Welt- und Europameister, Europapokalsieger und Deutscher Meister. Mit Bekkenbauer ist die glanzvollste Ära der Nationalmannschaft eng verknüpft, sein Klub, der FC Bayern München, zehrt heute noch vom alten Ruhm. Der Kaiser ist ein Ästhet auf dem Rasen gewesen, die Position des Libero hat er zur Kunstform stilisiert. Und ganz nebenbei machte er den Fußball gesellschaftsfähig, der smoking-gewandete Franz war bei den Wagner-Festspielen in Bayreuth oder dem Kanzler-Fest in Bonn ein gerngesehener Gast.

Erstmals ins Stolpern geriet der Ballkünstler 1977 anläßlich der Trennung von seiner Ehefrau Brigitte. Weil die Öffentlichkeit ihm seine neue Freundin übelnahm und der Fiskus Steuer-Rückstände, wechselte er nach New York zu Cosmos. Dort verhalf er dem amerikanischen Fußball zur Blüte, die mit seiner Rückkehr nach Deutschland allerdings schnell beendet war. Einem kurzen Gastspiel beim Hamburger SV folgte 1984 die wohl schwerste Aufgabe für Beckenbauer: Als Nachfolger des unglücklichen Bundestrainers Derwall soll er dem deutschen Fußball wieder einen Platz an der Sonne verschaffen. Unter dem neuen Teamchef hat für die Nationalmannschaft bisher nur Kaiser-Wetter geherrscht.

Der Autor hat Franz Beckenbauer über viele Jahre intensiv beobachtet. Seine Biographie über das »Idol des deutschen Fußballs« ist ein interessanter Report über einen Zeitgenossen, der den Sprung vom Versicherungslehrling zur weltweit anerkannten Persönlichkeit schaffte.

Fußball unser Leben: Das alte Balltreter-Motto stimmt für Beckenbauer und stimmt auch wieder nicht. Denn es gab im Leben des Kaisers auch außerhalb des grünen Rasens genug Ereignisse und Anekdoten, deren Erzählung der Leser mit Spannung erwarten darf.

Gabor Benedek

Deinen Weg mußt du allein gehen

»Hermanos, Hermanos!«

Der Junge ruft und spielt. Hält den Ball geschickt auf dem Fuß, obwohl er herüberschaut.

»Hermanos!«

Die Turnschuhe bestehen vorwiegend aus Löchern. Ein Wunder, daß sie nicht auseinanderfallen. In Fransen hängen ihm die schwarzen Haare ins verschwitzte Gesicht. Fransen sind auch das einzige, was von seinem Trikot, rot und weiß, übriggeblieben ist. Der Ball muß irgendwann einmal rund gewesen sein. Doch Francesco hat ihn in unzähligen Stunden verspielter Zweisamkeit Gehorsam gelehrt. Magnetisch angezogen hängt die beinahe eiförmige Kugel auf dem zerfetzten Schlappen. Rechter Fuß, linker Fuß, Kopf, Hacke, Schuß.

»Hermanos!« Zu deutsch: »Brüder!«

Und schon sitzt er am Tisch. Vierzehn ist er, und wenn man ihm glauben kann, der beste Fußballer im Dorf. Sicher der ausdauerndste. Palenque kennt keine runden Bälle, und ebene Fußballplätze auch nicht. Aus Holzknüppeln hat Francesco hinterm Haus ein Tor zusammengenagelt. Wenn er zu hoch zielt, landet der Ball im mexikanischen Dschungel. Hier oder auf dem asphaltierten Zócalo, dem Dorfplatz von Palenque, übt Francesco den ganzen Tag. Er hat nichts anderes zu tun.

»Hermanos!« Wir sind Deutsche, aber das macht uns für den kleinen Mexikaner noch nicht zu Brüdern. Vielmehr etwas ganz anderes, wie sich schnell herausstellt: Wir kennen Franz Beckenbauer.

Den kennt in Deutschland jedes Kind, aber dies ist Palenque, die ehemalige Mayastadt am Rande des Urwalds von Chiapas, am Fuß der mexikanischen Halbinsel Yucatán, nicht weit von der Grenze Guatemalas entfernt. Und hier, wo es nicht einmal runde Fußbälle gibt, kriegt ein

14jähriger Lausebengel leuchtende Augen, wenn er nur den Namen Beckenbauer hört.

»Was macht er heute? Wie geht es ihm? Spielt er noch? Ist seine Schulter wieder in Ordnung?«

Dazu muß man wissen, daß sich Franz Beckenbauer die Schulter, die der Junge meint, im Jahre 1970 verletzt hat. In jenem denkwürdigen Halbfinale der Weltmeisterschaft in Mexiko, das die Deutschen mit 3:4 nach Verlängerung gegen Italien verloren. Beckenbauer hat sich damals den rechten Arm notdürftig an die Brust bandagieren lassen und trotz großer Schmerzen bis zum Schlußpfiff weitergespielt.

Den Mexikanern ist dieses Beispiel deutscher Heldenhaftigkeit eindrucksvoll im Gedächtnis geblieben, wie die Begeisterung unseres jungen Freundes zeigt. Er fragt die Fremden aus Deutschland nach Beckenbauer, und die Erinnerung scheint bis in eine Zeit zu reichen, zu der er noch nicht einmal geboren war. Sein Vater hat ihm anstelle von Märchen immer und immer wieder die Geschichte dieser Weltmeisterschaft erzählt, und die Mutter hat nichts dagegen gehabt, dem Jungen den Namen dieses deutschen Helden zu geben.

Jetzt will er einer sein wie der. Mit 18, sagt Francesco, werde er nach Merida ziehen, in die Hauptstadt Yucatáns, um endlich dort Fußball zu spielen, wo es runde Bälle gibt, Fußballschuhe aus Leder und einen Platz mit richtigen Toren drauf. Mit dem Zug braucht er zehn Stunden nach Merida.

1985, im Sommer, hat Francesco sein deutsches Idol erstmals gesehen, und das hat ihm überhaupt nicht gefallen. Das Fernsehen hat vom Besuch der deutschen Mannschaft berichtet, hat aus der Hauptstadt, aus dem Aztekenstadion, deren Spiele gegen England und Mexiko übertragen, die mit 0:3 und 0:2 verlorengingen. Auf der Trainerbank der Deutschen hat Franz Beckenbauer gesessen, und für viele Mexikaner ist es gewesen, als würde ihnen etwas von jener Illusion genommen, die hier, am gleichen Ort, 15 Jahre zuvor aufgebaut worden ist.

Aber was wissen sie schon, was weiß Francesco? Von der Zeitumstellung, vom Klimawechsel, vom Höhenunterschied. Von der Rache ihres letzten Herrschers Montezuma, die dieser nur an Europäern nimmt, weil sie sein Gold geraubt und sein Reich zerstört haben. Was wissen sie von behäbigen, selbstherrlichen deutschen Fußball-Funktionären, mit denen sich auch Idole wie Franz Beckenbauer schwerer tun als mit gegnerischen Abwehrreihen.

Mexiko, das war so etwas wie Halbzeit für Beckenbauer. Die Hälfte der Strecke auf dem Weg zur Weltmeisterschaft. Ein Jahr vorbei als Teamchef, ein Jahr hin bis zum großen Ziel. Die Generalprobe ist gründlich in die Hose gegangen, was in diesem Fall wörtlich zu nehmen ist. Da kann eigentlich 1986 nur eine gelungene Premiere folgen.

»Vergessen, möglichst schnell vergessen«, hat Beckenbuer nach dem Mexiko-Desaster geraten. Was gut gemeint war, so einfach aber nicht ist. Auch nicht für ihn.

Die Falten lagen tief in der Stirn, der Blick war mürrisch. Man hat Franz Beckenbauer schon besser gelaunt gesehen als dort in Mexiko. All das, was er sich in einem Jahr aufgebaut hatte, die Erfolge, die nicht einmal die größten Optimisten erwartet hätten, die Früchte seiner Arbeit sah er erstmals gefährdet. Denn in Mexiko 1985, gerade noch rechtzeitig, ist ihm die Erkenntnis gekommen: Auf nichts und niemanden ist Verlaß, nur auf dich selbst.

Hermann Neuberger, den Beckenbauer noch für den einzigen echten Profi hielt im Deutschen Fußball-Bund, hatte Quartier gemacht. Nicht im »Camino Real«, wie die Engländer und vorher die Italiener, wo ein Deutscher Hotelchef ist, der genau weiß, was seine Kunden wünschen. Der DFB-Präsident hielt ein Touristenhotel inmitten von Mexiko-City für angebracht, wo um die Ecke das Vergnügungsviertel lockt, wo der Lärm die Ohren betäubt, der Smog-Gestank in der Nase sitzt.

Die hygienischen Verhältnisse schienen Nebensache. »Die Küche ist dreckig«, schimpfte Fritz Westermann, der mitgereiste DFB-Koch und ging erst einmal mit Desinfektionsspray zu Werke. Das war auch Franz Beckenbauer zuviel. »Eine Nacht haben Sie Zeit, dann ist die Küche sauber, sonst ziehen wir aus.« Der Hotel-Manager parierte.

Den Spielern wurde von der DFB-Organisation statt Ruhe ein zehnstündiger Touristentrip verordnet. Pyramiden rauf und Pyramiden runter. Die Nobel-Fans hatten wieder Einzug erhalten ins Mannschaftshotel, und gleich zwei Ärzte bekamen die Verdauung ihrer Spieler nicht in Griff. Beckenbauer war geladen.

Ein Glück nur, wenn man so will, daß der DFB, angeblich ja ein Weltmeister im Planen und Organisieren, beinahe sämtliche möglichen

Fehler schon im Sommer 1985 gemacht hat. Denn wenn daraus tatsächlich Lehren gezogen werden sollten, kann im Sommer 1986 im Grunde nichts mehr schiefgehen.

Franz Beckenbauer, ein einziges Mal nur leichtsinnig, war jedenfalls klar: Deinen Weg mußt du alleine weitergehen, konsequent, hart in der Sache, nicht reinreden lassen.

So wie er den Weg ein Jahr zuvor begonnen hatte.

Dirigent eines Panik-Orchesters

Jeder hatte gewarnt, jeder.

»Papa, warum tust du das?«, fragte Stephan, der jüngste seiner drei Söhne. Stephan, damals 15, ist (vom Vater abgesehen) der größte Fußballnarr im Hause Beckenbauer. Eine Frage mit sozusagen fachlich fundiertem Hintergrund also.

»Er kann nur verlieren, nicht gewinnen«, Udo Lattek, sein Vereinstrainer aus den Glanzzeiten des FC Bayern München Anfang der 70er Jahre, formulierte das ganz ungeschminkt. »Der Franz hatte einen Namen, der durch nichts kaputt zu machen war. Aber durch diese Geschichte kann er alles kaputt machen, sogar seine Glaubwürdigkeit als großer Fußballer verlieren.«

»Er riskiert seinen guten Ruf«, unkte der ehemalige Kollege Paul Breitner, und: »Der Franz ist auf dem Holzweg.«

Das war, als er die ersten Schritte seines neuen Weges schon gegangen war. Als er die ersten Spieler wie Uli Stielike aussortiert und andere, wie den 31jährigen Felix Magath, zurückgeholt hatte. Als er sich deshalb bereits der ersten Kritiker erwehren mußte. Sein Konter: »Ich will schließlich die Weltmeisterschafts-Qualifikation schaffen und nicht Jugendmeister werden.«

»O mei, auf was habe ich mich da bloß eingelassen.« Franz Beckenbauer mußte schon in sich selbst hineinfragen. Eine Antwort gab es dabei nicht. Weder für ihn selbst noch für seinen jüngsten Sohn Stephan.

Mit klarer Logik war das alles ja auch kaum zu erklären. Aber seine Entscheidungen hat Franz Beckenbauer ohnehin sein Leben lang fast ausnahmslos aus der Emotion heraus gefällt.

Da war sein behagliches Dasein als Fußball-Rentner. Ein gemütliches Haus an einem Platz, wie es nicht viel schönere gibt auf der Welt. Schwarzsee. Vom Wohnzimmer geht der Blick hinauf zum »Wilden Kaiser« und hinab ins Tal von Kitzbühel.

Da war diese schöne Zeit, die hinter ihm lag. »Ich habe 18 Jahre lang einen Traumberuf gehabt.«

Da war die finanzielle Sicherheit. 22 Millionen Mark, auf diese Zahl haben sich die Schätzungen mittlerweile eingependelt, wird Franz Bekkenbauer sein Leben lang verdient haben. Mit dem amerikanischen Musik- und Filmgiganten Warner Communications, seinem ehemaligen Arbeitgeber bei Cosmos New York, war er auf Jahre durch einen lukrativen Werbevertrag liiert. Beim deutschen Sportartikel-Hersteller »adidas« hatte er quasi einen Job auf Lebenszeit in der Tasche.

Da war die Ruhe, die Zeit für ein neues Hobby, das er auch heute noch mit unbändigem Ehrgeiz betreibt. Sein Handicap im Golfsport ist mittlerweile bei 17 angelangt, und es wird noch besser werden.

Da war sogar eine Aufgabe. Als seine Zeit, seine Zeit als aktiver Fußballer abgelaufen war, hat Franz Beckenbauer zuerst einmal an andere gedacht. An geistig und körperlich behinderte Menschen. Nach seinem Abschiedsspiel 1982 blieb ihm rund eine Million Mark, und er hat sie gleich als Startkapital für die neugegründete Franz Beckenbauer Stiftung eingesetzt.

»Damit will ich mir bestimmt nicht zu Lebzeiten ein Denkmal setzen«, sagt er. »Vielmehr will ich mich selbst unter Druck setzen, ständig etwas zu tun, weil die Stiftung nicht nur von den Kapitalzinsen leben soll.«

Er veranstaltet Wohltätigkeitsfeste, zapft die deutsche Wirtschaft an, organisiert, wann immer es geht, Fußballspiele zwischen Prominenten-Mannschaften. Auf diese Weise sind schon Millionen an Bedürftige weitergeflossen. »Jedes Jahr kommen mindestens 100000 Mark dazu.«

Da waren Zukunftspläne. Robert Schwan, der Freund, der Manager, der väterliche Berater, der in Sachen Geld das Gras wachsen hört, dieser Schwan hatte alles vorbereitet. Im Münchner Kabelpilot-Projekt, dem Privat-Fernsehen, sollte Franz Beckenbauer den Programmdirektor der »Rofa GmbH« mimen. Fünf Stunden Sport am Tag fürs hochverehrte Publikum.

Paul Breitner sollte den Fußball kommentieren. Christian Neureuther

»Das wächst schon wieder nach!« Bernd Gutzeit

und Ehefrau Rosi den alpinen Skisport. Mark Spitz sollte übers Schwimmen plaudern, Björn Borg über Tennis und Reinhold Messner den Leuten das Bergsteigen näherbringen.

Später ist das Projekt geplatzt, Beckenbauer ist ausgestiegen. »Sonst hätten wir Millionen verloren«, sagt Robert Schwan.

Und da gab es Diana, die Freundin, die Partnerin. Und endlich Zeit für das Leben und die Liebe.

Doch all das war nicht genug.

Denn da war auch die Herausforderung. Die Langeweile. Die plötzliche, ungewohnte Stille. Die Leere. Das Gefühl, nicht aufhören zu können mit dem Fußball.

Der Fußball war sein Leben. »Ich habe Angst vor dem, was kommt, wenn alles vorbei ist«, hat er einmal gesagt.

Deshalb hat er das Ende hinausgezögert, bis er 37 war. Deshalb hat er weitergemacht, als er 38 war, wenn auch auf der anderen Seite der Linie.

Und trotzdem: Muß einen nicht der Teufel reiten, bevor man sich zum

Dirigenten eines Panik-Orchesters machen läßt? Solch einen Trümmerhaufen übernimmt, wie ihn Jupp Derwall nach der restlos verpatzten Europameisterschaft 1984 in Frankreich hinterlassen hat?

Oder ist da eben der Reiz noch größer, einen Beitrag für die Unsterblichkeit zu leisten, indem man ein Häuflein der Verlorenen wieder zu einer strahlenden Siegermannschaft macht? Schlimmer konnte es ja nicht mehr werden. Und dem Risiko ist Franz Beckenbauer, bei allem Phlegma, bei aller Konflikt-Scheue, nie aus dem Weg gegangen. »Ohne Risiko herrscht Langeweile.«

»Die Berge«, sagt er, »die Berge laufen mir nicht weg. Und die Sonne wird auch an anderen Tagen wieder scheinen.«

Und es begann prompt mit Wolken für ihn. 1:3 gegen Argentinien gleich zum Auftakt, zum Glück ging es um nichts. »Wer Wunderdinge von mir erwartet, der soll sich einen vom Zirkus Krone holen«, beschwichtigte der Teamchef. Doch es gab schon Zweifler und Zweifel.

»Was soll bloß werden«, das fragte er sich noch selbst. Des Nachts, so wurde aus seinem Schlafzimmer berichtet, schreckte er nun häufig aus dem Schlaf hoch, immer wieder vom gleichen Traum aufgewacht: Er sitzt in einem vollbesetzten Stadion auf der Trainerbank, das Spiel seiner Mannschaft paßt nicht zusammen – und er will sich selbst einwechseln.

Alpträume eines Jung-Trainers. Dem Teamchef Beckenbauer, für den der Fußball zeitlebens Medium zur Selbstverwirklichung gewesen ist, wurde plötzlich die Ohnmacht seiner neuen Rolle bewußt.

1:3 gegen Argentinien, noch war alles beim alten. Die Mannschaft spielte wie unter dem unglückseligen Jupp Derwall, und der neue Teamchef begründete die Niederlage mit dem platten Vokabular seines Vorgängers: »Da steckt man doch nicht drin.«

Zehn Jahre werde es vielleicht noch dauern, bis Deutschland wieder eine Mannschaft von Weltklasse haben würde, meinte Beckenbauer damals. Nur gut, daß er sich selbst eines besseren belehrte. Er, der Trainer ohne Trainerschein, baute sie in einem Jahr.

Eine Mannschaft, die verlor, wenn es um nichts ging, die aber gewann, wenn es darauf ankam. Und alle Welt begann sich zu wundern. Über Beckenbauer, über seinen Ehrgeiz, seinen Eifer, über seinen Fleiß. »Genies dürfen nicht schuften«, hatte Manager Schwan noch gewarnt. Beckenbauer tat es doch.

Plötzlich ging da einer konsequent seinen Weg, dem man ein Leben lang mangelndes Verantwortungsbewußtsein nachgesagt hatte, nahm Drecksarbeit auf sich und Ärger, ging nicht einmal mehr den Problemen aus dem Weg.

»Ohne Disziplin und Ordnung geht gar nichts.«

Da spukte plötzlich der Geist Sepp Herbergers durch die Reihen, jeder wunderte, doch keiner beschwerte sich. Als erstes strich Beckenbauer seinen verwöhnten Fußballhelden Luxushotels und Nobelherbergen. In der guten alten Sportschule sollte wieder Bescheidenheit und Anstand gelernt werden. Telefone nur auf dem Flur, Essen in der Kantine, Alkohol nur in gemeinsamer Runde, keine Bars, keine Separees, keine Parties.

»Mir macht keiner was vor. Die Spieler wissen, daß ich's ernst meine.«

»Eine verschworene Gemeinschaft müssen wir wieder werden, in der jeder zum anderen steht.«

»Unsere Nationalelf ist eine Elite – die Auswahl der Besten, elf Leute von viereinhalb Millionen, die Fußball spielen. Entsprechend hat sie aufzutreten – das ist sie dem Publikum schuldig.«

»Talent hat jeder in der Bundesliga. Um aber internationale Spitze zu erreichen, ist nun mal Härte gegen sich selbst unerläßlich.«

»Das frustrierende Ball-Hinundhergeschiebe von Profis, die 400000-Mark-Jahresverträge in der Tasche haben, ein Cartier-Kettchen am Hals, die Sonnenbrille im Seidenhemd-Ausschnitt und den Porsche auf dem Stadionparkplatz, das alles muß ein Ende haben.«

»Unsere Bundesliga ist schon lange nicht mehr die stärkste der Welt, sondern international bloß Durchschnitt. Unsere satten Profis haben das leider immer noch nicht begriffen. Um wieder an die Spitze zu kommen, müssen sie sich quälen.« Neue Töne. Oder ganz alte, längst verstaubte. Der Kaiser führt ein striktes Regiment, und keiner muckt.

Tatsächlich, seit Sepp Herberger hat es nicht mehr solche Parolen

Rechte Seite: Auch auf dem heimischen Golfplatz in Kitzbühel ▶ ein Könner, elegant, sportlich und erfolgreich.
Folgende Seite: Der Giesinger Schüler mit Vater Franz, Mutter Antonie und Bruder Walter (oben). Der Weltmann und New York-Times-Leser auf einem Wolkenkratzer. Im Hintergrund die Skyline von Manhattan.

The New York Times

gegeben. »Nach dem Spiel ist vor dem Spiel«, hat dieser zum Beispiel als Standardsatz parat gehabt, und Beckenbauer setzt das um. Mit dem Schlußpfiff läuft die Mannschaft nicht mehr auseinander, erst gibt es noch ein gemeinschaftliches Essen. In der Sportschule. Jupp Derwall hätte sich das kaum erlauben können. Wie so vieles.

Doch bei Beckenbauer, dem neuen, gibt es keinen Widerspruch. Als zum Beispiel Harald Schumacher mit der Bitte bei ihm vorstellig wurde, man möge doch wieder in vornehmen Hotels logieren, ließ der Teamchef ihn abblitzen: »Wir brauchen keinen Trubel, wir brauchen Ruhe.« Als Karl-Heinz Rummenigge, über die letzten Jahre unantastbar Mannschaftsführer, vor einem Spiel mit leichter Verspätung zum Mittagstisch erschien, fuhr Beckenbauer ihn an: »Du bist mein Kapitän und in Zukunft der Erste beim Essen.« Rummenigge parierte ohne Widerworte, er sagt: »Ich betrachte den Franz als meinen Vorgesetzten.«

Alle folgen ihm bereitwillig. Weniger dem Trainer als dem Idol. »Sie wollen ihn nicht enttäuschen«, sagt Horst Köppel, der DFB-Trainer an Beckenbauers Seite.

»Alles, was Beckenbauer sagt, bewahrheitet sich. Alle vertrauen ihm, jeder fühlt sich freier«, meint Karl-Heinz Förster vom VfB Stuttgart.

»Der Franz ist Gold wert für alle«, sagt Karl-Heinz Rummenigge. »Vor dem Franz haben die Spieler Respekt. Das war bei Derwall nicht so«, sagt Köppel.

Rummenigge, Magath, Jakobs, Rolff, einige haben noch selbst mit ihm in einer Mannschaft gespielt. Die anderen haben sein Spiel gesehen, und allen ist die Bewunderung gemein. Einer wie er war immer Vorbild, dem Hinterhof-Kicker ebenso selbstverständlich wie dem Millionär Rummenigge. Und jetzt hat man ihr Idol zu ihrem Trainer gemacht. Widerspruch verbietet sich da von selbst. Er war und ist einer von ihnen, ohne dabei in Kumpanei abzugleiten. Seine Autorität wurde willig akzeptiert, und Beckenbauer entwickelte Führungsqualitäten, die keiner, aber auch wirklich keiner erwartet hatte von ihm.

◀ Vorhergehende Seite: Nach dem Gewinn der Europameisterschaft 1975 mit Ehefrau Brigitte beim Abschlußbankett (oben). Mit Lebensgefährtin Diana Sandmann. Ein glückliches und zufriedenes Paar (unten).
Linke Seite: Der Kaiser mit dem Bundesverdienstkreuz.

Unter seinem Vorgänger, bis zum Ende der Derwall-Ära, ist es für manchen gestandenen Bundesliga-Profi beinahe schon eine Schande gewesen, dieser Nationalelf anzugehören. Beckenbauer hat in kürzester Zeit wieder eine Ehre daraus gemacht.

Bei Fans und Spielern hat er an das nationale Bewußtsein appelliert. Als vor dem ersten WM-Qualifikationsspiel unter seiner Regie gegen Schweden im Müngersdorfer Stadion von Köln die deutsche Nationalhymne erklang, da sahen 60000 Zuschauer vor Ort und 25 Millionen an den Fernsehschirmen etwas, was sie kaum für möglich gehalten hatten: Alle Spieler, von der Nummer 1 bis zur Nummer 11, sangen lauthals das Deutschlandlied mit. Die Profis liefen in schwarz-rot-goldenen Trainingsjacken auf das Feld, und Harald Schumacher streifte sich sogar schwarz-rot-goldene Torwart-Handschuhe über.

»Es gibt überhaupt keinen Grund, daß wir nationale Gefühle oder Symbole verbergen«, sagt Beckenbauer. »Ich selbst zähle zur ersten Nachkriegsgeneration. Da hatten wir schon manche Schuldgefühle. Aber die Nationalspieler von heute sind doch schon wieder eine Generation weiter. Die haben mit den alten Geschichten nun wirklich nichts mehr am Hut.«

Am liebsten wäre ihm sogar, frei nach amerikanischem Vorbild, ein berühmter Operntenor würde vor jedem Spiel die Nationalhymne vortragen.

»Also, der Peter Hofmann singt vor dem Spiel das Deutschlandlied, und das Publikum singt mit – das wäre schon toll.«

Die betagte Funktionärsriege beim Deutschen Fußball-Bund hatte ihre helle Freude an solch bravem Gedankengut. Doch wer von ihnen nun dachte, der neue Teamchef sei einer der ihren, der wurde schnell eines Besseren belehrt.

Denn wo es sein muß, da krempelt der neue Kaiser die Ärmel hoch und setzt die Ellbogen ein. Ohne Rücksicht auf Verluste, immer im Sinne seiner Sache. Als da einige meinten, nun mahnend den Zeigefinger heben zu müssen, weil der Teamchef noch immer nicht den vorgeschriebenen Trainerschein nachgemacht hatte, wurde er von Beckenbauer schnell der Lächerlichkeit preisgegeben. »Wer von denen will mir denn noch etwas über Fußball beibringen?«

Peter Boenisch, damals noch als Regierungssprecher und Mercedes-

Kaiser Franz mit republikanischem Orden Murschetz

Fahrer unbehelligt, spottete sogar, solche Erbsenzählerei komme ihm vor, als hätten die Amerikaner 1945 den Vorbereiter der Weltraumfahrt, Wernher von Braun, nicht nach Amerika einreisen lassen, weil er nicht im Besitz eines US-Führerscheins gewesen sei.

Wo Funktionäre ihm querkommen, demonstriert Beckenbauer seine Macht. Und solange er das wirklich tut, fährt er gut damit. Als zum Beispiel Walter Baresel, der Spielausschuß-Vorsitzende des DFB, in Malta öffentlich das deutsche Spiel kritisierte, wurde ihm von Beckenbauer (»Der soll seinen Mund halten«) und mit ihm seiner ganzen weitgehend überflüssigen Funktionärs-Riege, demonstrativ die Tür gewiesen. Keiner dieser ehrenamtlichen Verbandsmenschen (mit Ausnahme von Hermann Neuberger) hat seither mehr einen Platz im Mannschaftsbus, in der Spielersitzung oder irgendwo sonst in der ersten Reihe dieser neuen, kaiserlichen Garde. Sie murren, aber sie fügen sich.

Nach der turbulenten Malta-Reise hat Beckenbauer auch jene zweifelhaften Figuren vor die Türe gesetzt, die sich mit einer 6000-Mark-Spende in den erlauchtesten aller Fanclubs einkaufen, in den eingetragenen Verein »Freunde der Nationalelf«. Diese Freunde haben es an sich, immer im gleichen Hotel mit der Mannschaft zu wohnen, die Spieler dort mit ihren Autogrammwünschen zu belagern und ihnen bisweilen ganz schön auf die Nerven zu gehen. »Da geht's ja zu wie auf einer Kegeltour«, schimpfte der Teamchef, und fortan waren die Edelfans ausgesperrt, verbannt ins Nebenhotel.

Auch sie murren, aber auch sie fügen sich. Um des lieben Friedens und um des Erfolges willen. Denn der ist unleugbar mit Franz Beckenbauer, und da heiligt der Zweck bekanntlich jegliche Mittel.

»Ich konnte schon zu meiner aktiven Zeit sehr unbequem sein. Da haben sich einige Mitspieler beschwert.« Schlampereien sind ihm zuwider. Beckenbauer ist Perfektionist, und danach handelt er. Wirtschaftliche und persönliche Unabhängigkeit schaffen ihm den Freiraum, die Sicherheit dazu. »Nötig habe ich das alles schließlich nicht.«

Und deshalb übt der neue Kaiser auch keine Kniefälle. Neben Funktionären und Fans bekommen das genauso die Spieler zu spüren. Zu allererst Bernd Schuster. Als der aus Barcelona zum dritten Mal seinen Rücktritt erklärte, hat Beckenbauer endgültig reagiert: »Die Nationalelf ist kein Kasperltheater.« Schuster wird nicht mehr gefragt. Wer nicht will, der hat schon. »Obwohl ich den Fußballer Schuster sehr gut gebrauchen könnte.«

Und auch vor dem mächtigen Hermann Neuberger (»Das ist ein hundertprozentiger«) mag Beckenbauer nicht kuschen, er streitet mit ihm und gewinnt. Als der Teamchef im Sommer 1985 den Mönchengladbacher Michael Frontzeck mit auf die Mexiko-Reise nahm, sah es DFB-Chef Neuberger als moralisches Gebot an, diesen dort nicht einzusetzen. Schließlich hatte ihm das DFB-Gericht kurz zuvor wegen eines Platzverweises eine Bundesliga-Sperre auferlegt. »Wenn ich ihn brauche, spielt er«, sprach der Kaiser, und gegen die Mexikaner stand Frontzeck prompt an seinem Platz. Ob nun Machtkampf oder nicht, Beckenbauer hat sich durchgesetzt.

Die Konflikte, die er früher so scheute, scheint er mit einem Mal geradezu zu suchen. Weil er, aus alter Gewohnheit, über alles und jeden frank und frei seine Meinung äußert, weil er lange Zeit nicht einsehen wollte, daß jedes seiner Worte als Teamchef nun auf die Goldwaage gelegt werden würde, hat er sich dabei eine Menge Ärger eingehandelt. Der Krach mit Udo Lattek gegen Ende der Saison 1984/85, das war so recht nach dem Mediengeschmack. Der Trainer der deutschen Nationalelf und der Trainer des deutschen Meisters, das war ein Duell von der schlagzeilenträchtigen Kategorie. Aber Beckenbauer hat auch dieses gewonnen.

Wobei die Frage offen bleibt, wer von den beiden sich denn nun zu weit aus dem Fenster gelehnt hat. Beckenbauer jedenfalls hatte die zahlenmäßig zu geringere Besetzung des Bayern-Mittelfeldes im Europacup-Spiel gegen Everton beklagt und damit den Kollegen Lattek an der Ehre gekitzelt. Der hat erstens ohnehin gewisse Probleme mit der Bewältigung von öffentlicher Kritik und zweitens noch ausreichend angestauten Ärger über die Beckenbauersche Behandlung seiner Spieler Klaus Augenthaler und Lothar Matthäus parat. Was beides ausreichte, dem Teamchef »keine Ahnung vom Fußball« zu unterstellen. »Der muß bei einem anderen Spiel gewesen sein.«

Lattek war auch der erste gewesen, der sich über Beckenbauers fehlende Lizenz mokiert hatte. Lattek hatte lautstark für seinen Libero Augenthaler Partei ergriffen und sich somit in Beckenbauers Geschäfte eingemischt. Lattek hatte dem Teamchef öffentlich vorgeworfen, er verunsichere seine Spieler, und Lattek hatte sich auch den Ausspruch angemaßt, er müsse Beckenbauer »einmal den Kopf waschen«.

Der Kaiser reagierte auf seine Weise: »Das ist schlechter Stil und mangelnder Anstand.« Die Sympathien der Fußball-Öffentlichkeit wußte er in dieser Auseinandersetzung ohnehin auf seiner Seite, was schließlich auch Lattek murrend einsehen mußte.

Ein handfester, ein peinlicher Krach, ein Krach mit langer Vorgeschichte, die erst erzählt werden muß. In seinem 1975 erschienenen Buch »Einer wie ich« nämlich hat Beckenbauer seinem ehemaligen Trainer derart eins mitgegeben, daß dieser noch heute daran zu knabbern scheint. Zweifellos sei Lattek ein guter Trainer gewesen, stand da zu lesen, doch die schnellen und leichten Erfolge des FC Bayern hätten ihn wohl bequem und übermütig gemacht. Fleißig und ohne Widerspruch habe er zuvor schon beim DFB seinen Dienst als Assistent des Bundestrainers verrichtet, wie Helmut Schön es befahl. Eigene Ideen habe er dabei jedoch nicht entwickelt. Beim FC Bayern habe er sich, so der Autor Beckenbauer, in ein (von Vorgänger Branko Zebec) gemachtes Nest gesetzt und so seinen internationalen Ruf erworben. Doch anstatt ihm, Beckenbauer, dankbar zu sein, habe Lattek ihm sogar das Du entzogen und gegen ihn und Manager Robert Schwan den Aufstand geprobt.

Latteks Ehefrau Hildegard habe derweil Damenkränzchen organisiert und sich mit wachsendem Einfluß auf die Spielerfrauen für die Präsidentin des Vereins gehalten. Lattek sei fast nur noch auf dem Tennisplatz zu sehen gewesen, sei immer eigenwilliger geworden, seine Erfolge habe er offenbar nicht verkraften können. Jegliches selbstkritisches Bewußtsein sei ihm abhanden gekommen, dafür habe er sich Starallüren angewöhnt.

Jede Menge starker Tobak also, die Wirkung hielt zehn Jahre an.

Franz Beckenbauer kann's verkraften. Nichts wirft ihn mehr um, weiß er doch ganz Fußball-Deutschland mit all seinen Instanzen hinter sich. So groß ist das Vertrauen vom ersten Tag an, daß bereits bei seinem Amtsantritt 1984, so ermittelte Infas, lediglich zehn Prozent der Bundesbürger ernsthafte Zweifel daran hegten, daß sich die deutsche Nationalmannschaft für die Weltmeisterschaft 1986 in Mexiko qualifizieren werde.

Und es hat gar nicht lange gedauert, da waren auch diese zehn Prozent von Beckenbauers neuen Qualitäten überzeugt. Nicht einmal ein Jahr war verstrichen, und die WM-Teilnahme war durch ein glanzvolles 5:1 in der ČSSR bei 10:0 Punkten so gut wie gesichert.

»Ja mei, i weiß auch net«, schulterzuckend und in seiner ganzen Bescheidenheit beantwortet er die vielen Fragen nach dem Grund für diese überraschend schnelle Wende. Dabei könnte er es sich doch so einfach machen, indem er sich hinstellt und sagt: Der Grund bin ich. Es wäre die Wahrheit.

»Die Deutschen sind wieder die Nummer eins in Europa und können Weltmeister werden,« Maltas bulgarischer Trainer Dobrev bringt es auf den Punkt: »Und das verdanken sie Beckenbauer.«

Wohin er auch geht, dem neuen Teamchef wird die Dankbarkeit geradezu nachgetragen. Der Fußballfreund, der sein liebstes Kind, die Nationalmannschaft, mit der Europameisterschaft 1984 endgültig in die

Verdammung geschickt zu haben schien, hat schnell wieder begonnen, diese Elf zu mögen. Die Leute kommen ins Stadion, seit das Leitbild die klaren Konturen zurückgewonnen hat. Die Krise des deutschen Fußballs, die die Bundesliga nach 1984 existenziell zu gefährden drohte, wurde noch einmal abgewendet. Nicht zuletzt dank Beckenbauer. Was Wunder also, daß sich die beiden, die dem Geschäft mit dem zahlenden Zuschauer am engsten verbunden sind, entsprechend erleichtert äußern.

»Wir alle können dem Franz unendlich dankbar sein, daß er diesen Posten übernommen hat«, sagt Günter Netzer, der Manager des Hamburger SV. Sein Münchner Kollege Uli Hoeneß stößt ins gleiche Horn: »Seine Berufung ist ein Segen.«

Franz Beckenbauer, der Heilsbringer des deutschen Fußballs.

Daheim bei Beckenbauer

„F. B."

Das ist der einzige Hinweis. Bis vor kurzem hat es nicht einmal die Initialen an der Türklingel gegeben. Nur ein nacktes, anonymes, weißes Schild. Doch die Besucher sind häufiger geworden im letzten Jahr. Fernsehleute, Journalisten, all jene, die Einblick erhalten wollten in das, was sich hinter diesem schmiedeeisernen Tor abspielt. Die Privatsphäre Franz Beckenbauers ist, kaum daß es für ein paar Monate stiller um ihn geworden war, wieder Gegenstand öffentlichen Interesses geworden. Nach dem Tor rechts um die Ecke, die Treppe herauf, der Eingang. Das Haus hat die erste Frau von Dietmar Schönherr, eine Architektin, gebaut. Manager Robert Schwan (seine Frau ist Österreicherin) wohnt oben, in der Mitte ein Freund, unten Beckenbauer mit Diana Sandmann, der Freundin.

Die Fußballmacht Deutschland wird von Österreich aus regiert. Der Kaiser hat sich vor den Toren Kitzbühels niedergelassen, für länger, wie es aussieht. Grüne Wiesen, hohe Tannen, das Haus im alpenländischen Stil klebt am Hang. Allerbeste Lage, allerbester Ausblick. 1200 qm Garten, 200 qm Wohnung. Die Tiroler Stube ist mit heller Zirbelkiefer getäfelt. Robert Schwan hat das Kruzifix aus dem 18. Jahrhundert geschenkt.

Der alte Kachelofen steht für Gemütlichkeit, das Bild von Mutter Antonie, die drei Söhne im Silberrahmen, für Anhänglichkeit. Die Kissen auf dem Wohnzimmersofa sind von Diana, der ehemaligen Sportfotografin, bestickt worden: »Happyness is loving you«, »Live, Love, Laugh«, lebe liebe, lache. Oder: »I love Champagne, Caviar and Cash«. Die reinsten Lebensphilosophien. Das Telefon steht neben dem Video-Recorder, ein künstlerisch mißlungener Pokal auf dem Gäste-Klo.

Hier ist der Kaiser zu Hause. Hier legt er die Füße hoch, hier ruht er sich aus, wenn der Job ihn einmal aus den Fängen läßt. Und das ist selten genug. 100000 Flugkilometer im Jahr, 6000 Kilometer jeden Monat im Auto. »23 Tage im Monat bin ich nicht zu Hause«, hat Beckenbauer selbst ausgerechnet. Er arbeitet wie ein Tier. Sitzt an jedem Wochenende in einem Bundesligastadion, beobachtet konsequent im Ausland die Gegner in der WM-Qualifikation. Klimawechsel, Zeit-Unterschiede, Werbetermine, Freundschaftsspiele, Interviews – das ist gefährlicher Streß.

»Aber es macht Spaß«, sagt der Franz. »Und außerdem bin ich fit und halte diese Belastungen aus.«

In den Kitzbüheler Bergen tankt er die Kraft, die er braucht. In der Wohnung herrscht Ordnung, alles ist an seinem Platz. »Wenn ich Ordnung nicht außerhalb des Fußballs praktiziere, dann halte ich sie auch auf dem Spielfeld nicht ein.« Auch so ein Leitsatz, den er den jungen Spielern von heute mit auf den Weg zu geben versucht.

Wenn Franz unterwegs ist, ist Diana viel allein. Wenn Diana allein ist, malt sie. In New York hat sie Zeichenunterricht genommen. Ihre Bilder hängen in der ganzen Wohnung, schöne Bilder.

Seit zehn Jahren kennen sich die beiden, neun Jahre leben sie zusammen. Zwei davon heimlich. Im Juli 1975 haben sie sich kennengelernt, auf der Hochzeit von Robert Schwan. Beckenbauers bester Freund, damals 54, heiratete zum dritten Mal. Franz war Trauzeuge. Die Braut war hübsch, Hotelsekretärin und 27 Jahre jünger.

»Marlies und ich waren Freundinnen«, sagt Diana.

Auf dieser Hochzeit am Wörthsee trafen sich die beiden also zum ersten Mal. Zum nächsten gemeinsamen Abendessen brachte das Ehepaar Schwan wie zufällig wieder die beste Freundin Diana mit ins

»Ich hatte ja immer das bange Gefühl, das Schicksal halte einen noch schlimmeren Schlag für uns bereit!« Wolter

Münchner Nobelrestaurant »La Buca«. Den weiteren Verlauf dieser Beziehung nahm Beckenbauer schließlich selbst in die Hand.

Die Moralapostel im ganzen Land rümpften die Nase, die Zeitungen schimpften, selbst der Fußballverband reagierte betroffen. Der Kaiser war schließlich verheiratet. Es gibt Leute, die behaupten, Beckenbauer habe seiner Frau Brigitte eine Million Mark für seine Freiheit gezahlt. Aber darüber spricht er nicht.

Auch nicht über eine mögliche zweite Heirat. Er ist ja nicht einmal geschieden. »Brigitte hat einen neuen Lebenspartner gefunden, und das ist gut so.« Liebe habe für ihn ohnehin nichts mit Trauschein zu tun. »Und wenn es allen Beteiligten bei dieser Lösung gutgeht, warum sollte man sie dann ändern.« Die Ehe mit Diana bleibt also eine wilde.

»Eine ideale Partnerschaft«, sagt Franz. »Je älter du wirst, desto bewußter wird dir die Bedeutung einer Partnerin.«

Nicht stören dürfe sie, nicht hinderlich sein bei der Arbeit, auf ihn eingehen müsse sie können, ohne ihm die Freiheit zu nehmen. »Bei Diana ist es ein Glück, daß wir die wenige Freizeit gemeinsam genießen können«, sagt er. »Wir haben uns da ganz aufs Golfspiel beschränkt.«

Und seine Kinder? Die drei Söhne? »Das sind doch keine Kinder mehr«, das sagt Franz Beckenbauer, der Vierziger, auffällig nachdenklich. Der Gedanke, einer der Buben würde ihm morgen eröffnen, er werde Großvater, ist gar nicht so abwegig. Und der Gedanke, natürlich, schmeckt ihm gar nicht.

Thomas, der Älteste, ist schon 21, und in jeder Beziehung ein selbständiger Mann. Nach einer Meniskusoperation und einem Kreuzbandriß hat er das Fußballspielen schnell drangegeben. Die Lehre als Bankkaufmann bei der Vereinsbank ist absolviert, für eine Münchner Immobilienfirma ist er nach Costa Rica gegangen. Dort hat er ein Mädchen gefunden, der Job macht Spaß, also will er dort bleiben.

Michael (18), der Literatur, Geschichte und Mathematik mag, spielt in der A2-Jugend des FC Bayern Vorstopper, nur zum Spaß. Und Stephan (16), der Jüngste, ist Halbstürmer in der B-Jugend, natürlich auch bei den Bayern.

»Er hat das meiste Talent und den meisten Ehrgeiz im Fußball«, sagt der Vater nicht ohne Stolz. »Der landet sicher mal bei Horst Köppel in der Jugend-Nationalmannschaft.«

Die Zeit der großen Zuneigungen, des kindlichen Schmusens sei wohl vorbei, meint Beckenbauer nicht ohne Wehmut. Gerne würde er die Uhr noch einmal zurückdrehen, denn diese Zeit hat er damals im Grunde verpaßt. »Heute habe ich ein Kumpel-Verhältnis zu den Buben.«

Trotzdem: Auch an seiner persönlichen, ganz privaten Laufbahn hat Beckenbauer nichts auszusetzen. »Die Ehe war gut, die Kinder paßten hinein, und auch die Trennung war richtig. Wenn ich den Verlauf dieses Weges über 40 Jahre betrachte, dann finde ich nichts, was ich hätte anders machen können.«

Jugend in Giesing

Am Anfang war, natürlich, ein Fußballplatz. In Münchens Arbeiterviertel Giesing ist Franz Beckenbauer groß geworden. Gleich gegenüber vom alten Mietshaus, die Familie des Postobersekretärs Franz Beckenbauer wohnte im vierten Stock, wartete das Schotterfeld des SC 1906 München auf Deutschlands größtes Fußballtalent. Aber das dauerte alles seine Zeit.

Die Großen, das ist nun mal das Gesetz des Straßenfußballs, ließen den kleinen Franz nicht mitspielen. »Stumpen« riefen sie ihn damals. Weil er kurz geraten war und stämmig. Büchsen, Kartoffeln, Papierkugeln, trotzig trat er fortan gegen alles, was sich irgendwie treten ließ. Mit dem Ball zog er in den Hinterhof und spielte alleine mit der Hauswand seine ersten Doppelpässe, ohne zu wissen, was das ist.

Fünf war er; stundenlang, tagelang war nur die Wand sein bewegungsloser Spielpartner. Kürzlich ist er noch einmal hingefahren nach Giesing und hat sich die Stelle angeschaut. Die Abdrücke waren noch da. Unzählige Male hat er hier den Ball geschossen, gestoppt, geschlenzt, jongliert, und als ihn sein Bruder und dessen Freunde dann endlich mitspielen ließen, ist er ihnen technisch schon haushoch überlegen gewesen.

»Ich habe es nicht mehr erwarten können, endlich das rot-weiße Trikot von 1906 überziehen zu dürfen.«

Aber er war erst acht und eine Mannschaft gab es erst für Zehnjährige. Doch Fensterscheiben hatte er genug getroffen, jetzt sollten es endlich Tore sein. Da sah ihn der Neudecker Franz. Der hatte nach seiner Kriegsverletzung nur noch ein Bein, lief an zwei Holzkrücken und war Jugendtrainer beim SC 1906.

»Ein Supertrainer«, sagt Franz Beckenbauer heute. »Er hat mir die Begeisterung am Fußball vermittelt.«

Der Beckenbauer-Entdecker. Auf einem Bein und zwei Krücken hat er oft genug mittrainiert, und meistens sind die Buben nur zweiter Sieger geblieben im direkten Zweikampf mit ihm. Wenn er einmal stürzte, hat er sich eben schnell wieder aufgerappelt, und Beckenbauer lernte schnell, was ein eiserner Wille bewirken kann.

Der Neudecker Franz also, nicht verwandt und nicht verschwägert mit

Beckenbauers späterem Vereinsboß Wilhelm Neudecker, ließ den achtjährigen Franz bei den Zehnjährigen mitspielen, vorerst nur in Freundschaftsspielen. Meistens als Linksaußen, auf diesen Posten wurden die Nieten und Deppen abgeschoben. Doch dem »Stumpen« war's gerade recht, und bald schon hat er mehr Tore geschossen als alle anderen.

Franz war noch keine dreizehn, als ihm Franz Neudecker das erste Mal sagte: »Du kannst einer wie Fritz Walter werden, wenn du nicht zu narrisch wirst.«

Sein Trotz und der Zufall haben im schließlich den Weg dahin geebnet und eine Ohrfeige, die mittlerweile schon Fußball-Geschichte gemacht hat.

Es war ein großer Tag für den kleinen Franz. Beim Münchner Schüler-Turnier hatte er mit dem SC 1906 das Endspiel erreicht, und der Gegner sollte der TSV 1860 München sein. Das war der Klub, der in den Träumen sämtlicher Fußballtalente Giesings die Hauptrolle spielte; jeder Lausebengel des Arbeiterviertels schwärmte von den Sechzigern. Der TSV 1860 und Giesing, das war eins, und Schwabing mit seinem FC Bayern weit weg.

Weil, aus welchen Gründen auch immer, die Jugendabteilung des SC 1906 aufgelöst werden sollte, hatten sich auch Franz Beckenbauer und seine Freunde bereits in Richtung Sechzig orientiert. Bis eben dieses Endspiel kam. Franz spielte inzwischen Mittelstürmer. Sein Gegenspieler war groß und kräftig und schimpfte ihn bei jedem Zweikampf einen Deppen.

Bis ihm der kleine Franz den Ball durch die Beine schob und ein Tor schoß – der dicke Sechziger gab ihm eine schallende Ohrfeige. Günter Jahnke erinnert sich heute so daran: »Der Franz hat ein Foul gemacht, das hat sehr weh getan. Da hab' ich ihm halt eine Watsch'n gegeben. Darauf hat er sofort zu seinen Mitspielern gesagt: Du, zu denen geh' ich nicht. Jetzt geh'n wir zu den Bayern.« Gesagt, getan. Die Bayern durften sich freuen. Sein neuer Trainer hieß Rudi Weiß, ein Rechtsanwalt.

Die Volksschule hat er mit vierzehn Jahren verlassen. Handwerker wie die meisten anderen aber wollte er nicht werden damals, weil er fand, daß er zwei linke Hände habe. Weil er gerne rechnete, wollte er lieber Kaufmann sein und bewarb sich deshalb als Lehrling bei der Allianz-Versicherung. Das war ungewöhnlich, denn dort waren noch nie Volksschüler angenommen worden. Doch plötzlich war Franz Beckenbauer der jüngste Mitarbeiter des Versicherungskonzerns. Da hat er erstmals erfahren, was eine Prämie ist – ein Begriff, der ihn ja noch eine ganze Weile verfolgen würde.

Erst war er mächtig stolz. 90 Mark im Monat, das war sein erstes selbstverdientes Geld, im zweiten Lehrjahr waren es schon 120 Mark. Der Vater bekam bei der Post gerade mal das Vierfache.

Doch der junge Franz, der schon damals Freiheit und Selbstverwirklichung nur auf dem Fußballfeld fand, sah sich schon bald als Gefangener seines Berufes. Die Vorstellung, sich seine Zukunft schon ausrechnen zu können, seinen langsamen Aufstieg innerhalb der Hierarchie des Versicherungskonzerns auf Jahre bereits jetzt ablesen zu können, machte ihm angst. Mit 18 hatten sie ihn zum Sachbearbeiter in der Kfz-Abteilung gemacht. Für 450 Mark im Monat sollte er die Vertragspolicen mit den Endziffern 6 und 7 ordnen. Doch Franz begann seinen Job zu vernachlässigen, gewichtete andere Dinge höher, den Fußball zum Beispiel oder die Mädchen.

Bei der Allianz traf er Ingrid, die war drei Jahre älter als er und hatte pechschwarze Haare. Nach einigen Kinobesuchen und etwas mehr stellte sich heraus, daß Franz nicht nur auf dem Fußballplatz zu den Stürmischsten zählen mußte.

»Ich bekomme ein Kind«, eröffnete Ingrid, und Franz fiel nicht viel mehr dazu ein als die banalste aller Fragen: »Von wem?« Von ihm natürlich, und Ingrid wollte auch geheiratet werden. Weil Franz, wie gesagt, sich in jungen Jahren noch nicht festlegen wollte, konnte er die Hochzeit gerade noch verhindern, das Kind wurde auf den Namen Thomas getauft. Der lebt heute in Costa Rica.

Das war die erste persönliche Krise. Denn auch der Fußball konnte zu dieser Zeit zur Kompensation des beruflichen und privaten Frustes nicht herhalten, Trainer Weiß hatte ihn nämlich längst aus der Mannschaft geworfen. Vorlaut und aufmüpfig ist der Franz gewesen, und weil ihm Weiß schon damals Begriffe wie Disziplin und Ordnung näherbringen wollte, hat er ihn gleich für ein halbes Jahr ins Eck gestellt. Er fühlte sich elend, trainierte wie ein Wilder, und als ihn Weiß zurück in die Mannschaft holte, fand er mit den ersten Toren auch das seelische Gleichgewicht wieder.

»Das war völlig richtig, daß der Rudi Weiß mich rausgeschmissen hat«, sagt Franz Beckenbauer heute. »Ich würde es mittlerweile wahrscheinlich genauso machen.«

Jetzt fand er auch Freunde in der Mannschaft. Einer hatte damals schon schütteres Haar, lief die hundert Meter unter elf Sekunden und hieß Brenninger. Alle nannten ihn Mucki. Ein anderer war Torwart, hatte riesige Hände und immer einen schwarzen Pullover an und dachte sich permanent Zaubertricks aus. Der hieß Sepp Maier, hatte auch eine Freundin bei der Allianz, und Franz mußte ihm über diese Agnes immer Bericht erstatten.

Und auch die Karriere erfuhr jetzt einen mächtigen Schub. Franz spielte wieder Linksaußen, und als sich der eigene Mittelläufer verletzte, rückte er erstmals in die Abwehr. Die Ausputzerrolle damaliger Auffassung konnte ihn nicht befriedigen, und er begann die Position des Libero zu prägen, die er später perfektionieren sollte wie kein anderer auf der Welt. Die Trainer rauften sich die letzten Haare, wenn er neben dem Abwehrjob auch noch das Spiel nach vorne trieb und sogar Tore schoß. Er wurde in die bayrische Auswahl berufen, dann in die süddeutsche, und schließlich holte ihn ein gewisser Dettmar Cramer zur Jugend-Europameisterschaft.

Beckenbauer mußte im gleichen Zimmer mit dem Trainer Quartier machen, erfuhr erstmals die hohen Weihen der Fußballtaktik und kehrte sichtlich beeindruckt von diesem Fußball-Weisen zurück nach Hause. »Ein Besessener des Fußballs«, sagt er. »Er formulierte alles so eindringlich und plastisch, daß man meinte, Fußball sei das Leben.« Später hat er den kleinen, großen Dettmar Cramer sogar zu seinem Trauzeugen gemacht.

Zurück in München, legte ihm Walter Fembeck, der Geschäftsführer des FC Bayern, seinen ersten Vertrag vor. Monatsverdienst 160 Mark.

Vater Beckenbauer, der Postbeamte mit dem kleinen Gehalt für eine große Familie, war auch dadurch von seiner Skepsis den Fußballern gegenüber nicht abzubringen. Die notwendige Unterschrift setzte er nur auf den Vertrag, nachdem Franz versprochen hatte, seinen Job bei der Allianz nicht aufzugeben.

Als Tschiks Schützling

Der Mann war klein. Und rund wie eine Kugel. Ein Witzbold, der furchtbar böse werden konnte. Geradezu komisch hüpfte er über den Platz und durch die deutsche Sprach-Landschaft.

»Franz, Sie größtes Futballer seit Tschik, ich mache Weltmeister aus Ihnen.«

So hat ihn der neue Trainer begrüßt. Zlatko Cajkovski wurde von aller Welt nur Tschik gerufen, was soviel wie Stummel heißen sollte. Seine ersten Sätze hat Beckenbauer in seinem Buch »Einer wie ich« überliefert.

»Sie Bohnenstange, unten nichts, Mitte nichts, oben nichts. Sie mehr essen. Nix Frauen, nix Rauchen, nix Saufen.«

»Wissens, wenn man das abwägt...« Eckart Munz

»Sie aus Schlagsahne. Sie kein Kämpfer, Sie wie Strohhalm.«

»Sie lieber gehen Schuhe putzen statt spielen Fußball.«

»Tschik und Beckenbauer bald größte Futball-Gespann in Europa und in Welt.«

Da hatten sich zwei gefunden. Der erste Schreck war schnell verdaut, und Beckenbauer hatte durch dieses jugoslawische Unikum bald Spaß gefunden am neuen Job, dem Profi-Fußball. Im gleichen Maße, wie der pummelige Kollege namens Gerd Müller von Tschik (»kleines dickes Müller«) auf Diät gesetzt wurde, stopfte der Trainer den dürren Beckenbauer voll mit Knödeln, Schweinebraten und was sonst stark und kräftig machen konnte.

Das war auch die Zeit, als Cajkovski den Spielern einen Mann namens »Schwamm« (Originalton Tschik) vorstellte, der neuer Manager sein sollte beim FC Bayern. Dieser, natürlich war Robert Schwan gemeint, versprach den Spielern ihren (und seinen) Reichtum zu mehren und setzte erstmals eine Siegprämie fest. Mit 50 Mark pro Punkt als Motivation gewöhnten sich die Bayern das Siegen an und stiegen als zweiter Münchner Verein (neben 1860) in die Bundesliga auf.

Der wirkliche Professionalismus hielt nur sehr langsam Einzug in die Bundesliga, und Robert Schwan war sein fähigster Förderer. Dazu gehörte auch die Einführung von Trainingslagern vor den Spielen. Und so zogen die Bayern, bevor sie im eigenen Stadion anzutreten hatten, immer erst einmal in der Sportschule Grünwald ein.

Franz Beckenbauer, das sollte sich schnell herausstellen, hatte noch am wenigsten gegen diese Kasernierung einzuwenden, hatte er doch in Grünwald eine neue Verlockung ausgemacht. Blond war sie und schlank, ein Jahr älter als er und in der Verwaltung der Sportschule angestellt. Sie hieß Brigitte Schiller, war seit drei Jahren verheiratet, was Franz aber nicht daran hindern konnte, sie mit Schokolade oder Blumen zu gemeinamen Spaziergängen zu locken.

»Sie suchen Franz? Gucken Sie bei scheene blonde Verwaltung.« Das wurde schnell zum Standardspruch bei Tschik Cajkovski.

Mannschaftsführer des FC Bayern. Als Kapitän und Libero ▶ unerreicht. Folgende Seiten: Der HSV-Spieler im Duell mit Karl-Heinz Rummenigge, dahinter Ditmar Jakobs.

adidas

MAGIRUS
DEUTZ
BP

6

Die »scheene blonde Verwaltung« war bald schwanger, und diesmal war es Franz, der heiraten wollte, sie aber nicht. Gebranntes Kind scheut das Feuer, die seelischen Wunden der ersten Ehe waren noch nicht verheilt.

Und wieder traten die Moralapostel auf den Plan, als bekannt wurde, daß der 20jährige Beckenbauer mit einer verheirateten Frau zusammenlebte. Mit jedem Tag seiner wachsenden Popularität wurde der Druck immer größer. Am 21. September 1966 schließlich, Beckenbauers 21. Geburtstag, wurden sie durch den Bürgermeister von Steinebach am Wörthsee getraut. Brigitte war bereits im achten Monat. Am 21. Oktober wurde Sohn Michael geboren.

Nationalspieler

Jetzt war Franz Beckenbauer Ehemann, und Nationalspieler war er auch schon. Diese Karriere hatte er ein Jahr zuvor, am 26. September 1965, begonnen, in Stockholm.

Bundestrainer Helmut Schön hatte ihn zum Länderspiel gegen die Schweden berufen, obwohl er von der Notwendigkeit gar nicht so überzeugt war. Aber Dettmar Cramer hatte ihn überredet: »Der ist heute schon Weltklasse.«

Es ging um viel, nicht zuletzt um Schöns Kopf, denn dieses Spiel mußte unbedingt gewonnen werden, wollte man bei der Weltmeisterschaft 1966 in England dabeisein.

Beckenbauer war nervös. Ove Grahn und Kurre Hamrin sollten im Mittelfeld seine Gegner sein. Vielmehr aber noch schaffte ihn vor dem Spiel ein Zeremoniell, das er nicht mehr für möglich gehalten hatte. Da trat in der Kabine die ganze Mannschaft zu einem Kreis zusammen, die Spieler faßten sich an den Händen und Spielführer Uwe Seeler holte aus zum großen Schwur. »Feigheit gibt es nicht ... Einer für alle, alle für einen.« Das Ritual habe sich seit Fritz Walters Zeiten so festgesetzt, erklärte ihm Dettmar Cramer, und seit dem Gewinn der Weltmeister-

◀ **Linke Seite: Ungewohnt mit Nummer 6. Starspieler bei Cosmos New York** schaft 1954 in Bern werde daran festgehalten. Acht Jahre hat Franz Beckenbauer gebraucht, bis er 1974 nach dem 0:1 gegen die DDR in Hamburg diesem Schauspiel ein Ende machen konnte.

Die deutsche Mannschaft siegte in Stockholm mit 2:1, qualifizierte sich für die Weltmeisterschaft in England, und Franz Beckenbauer bekam seine ersten guten Kritiken als Nationalspieler. Mit Santamaria von Real Madrid wurde er damals von der Presse schon verglichen, mit Billy Wright aus England und mit Fritz Walter.

Nach dem Spiel hat er mit dem Zimmerkollegen Horst Szymaniak erstmals über das Thema Amerika gesprochen, wo eine neue Profiliga aufgemacht werden sollte. Franz Beckenbauer anno 1965: »Ich weiß nicht, Amerika wäre nichts für mich. Die wissen doch da nicht, wie ein Fußball aussieht . . .«

Wembley 1966

Die WM '66. Franz Beckenbauer ist zuvor mit Bayern München im ersten Bundesligajahr Dritter hinter dem TSV 1860 München und Borussia Dortmund geworden, und Max Merkel, damals der Sechziger-Trainer, hat von seinem Spiel geschwärmt: »Das ist so, als ob der Beethoven und der Mozart in einer Band spielen würden.«

Deutschland schlägt im ersten Spiel die Schweiz mit 5:0, und Beckenbauer macht zwei Tore. Argentinien scheint die nächste Begegnung eher als Erdteil-Krieg anzusehen, die Deutschen überstehen es mit zerschundenen Knochen und einem 0:0. Doch das ist erst der Anfang. Nach dem 2:1 gegen Spanien ist in Sheffield Uruguay der nächste Gegner. Die Südamerikaner kneifen, schlagen und treten, verlieren Troche und Silva durch Platzverweis und das Spiel mit 0:4. Neben Helmut Haller (2) und Uwe Seeler schießt Franz Beckenbauer wieder ein Tor, und wieder erhält er glänzende Kritiken der Weltpresse.

Liverpool. Gegen die UdSSR geht es um den Einzug ins Finale. »In diesem Spiel habe ich eines der wichtigsten Tore meiner Laufbahn geschossen.« Franz Beckenbauer erzählt:

»In der Nähe der Mittellinie habe ich den Ball bekommen. Ich lief, ohne angegriffen zu werden, bis zur Strafraumgrenze – und zog ab. Der

Franz Columbus Beckenbauer entdeckt Amerika Peter Weber

Ball hatte einen gefährlichen Drall und landete in der Torecke. Für mich ist dieser Treffer deshalb so wichtig, weil ich ihn gegen den damals besten Torhüter der Welt, gegen Jaschin, erzielt habe.«

Und für die deutsche Nationalmannschaft ist der Treffer deshalb so wichtig, weil er entscheidend zum 2:1-Sieg über die UdSSR und damit zum Einzug ins Endspiel beigetragen hat.

London, Wembley. Der 30. Juli 1966, ein denkwürdiger Tag in der Fußball-Geschichte. Denn an diesem Tag fällt das vielleicht denkwürdigste Tor aller Zeiten. Wann sonst hat es jemals einen Treffer gegeben, der auch zwei Jahrzehnte später noch heiß diskutiert wird?

2:2 steht es nach Ablauf der regulären Spielzeit. 90 packende Minuten, und immer noch kein Sieger. Aus dem 0:1 durch Helmut Haller haben die Engländer ein 2:1 gemacht. Nur noch Sekunden zu spielen, da erwischt der Kölner Wolfgang Weber den Ball sechs Meter vor dem Tor: 2:2.

Verlängerung. Und dieses verdammte Tor. Geoffrey Hurst hat es geschossen, der Ball springt von der Latte nach unten, auf die Torlinie, und zurück ins Feld. Jeder der Deutschen glaubt, die weiße Kreide aufstauben gesehen zu haben. Jeder würde drauf schwören.

Nur der Schweizer Schiedsrichter Dienst scheint sich seiner Sache überhaupt nicht sicher, und weil die englischen Spieler ihn zum Linienrichter zerren, fragt er eben den nach seiner Meinung. Und der, ein gewisser Herr Bachramow aus der Sowjetunion, gibt dem Druck der Gastgeber nach, behauptet, den Ball hinter der Linie gesehen zu haben. Tor also, Dienst schließt sich dieser im Stadion überwiegend bejubelten Meinung an. 3:2 für die Engländer. Daß sie sogar noch einen vierten Treffer kassieren, bekommen die deutschen Spieler in ihrer Enttäuschung kaum noch mit.

»Es war kein Tor«, sagt Beckenbauer. »Der Ball war nicht mit vollem Umfang über der Linie. Wir fühlten uns nach dem Spiel als die Betrogenen.«

Und trotzdem, wenigstens einer der Deutschen konnte sich nach dieser Weltmeisterschaft als Sieger fühlen. Beckenbauer eben. Ein ungekrönter Weltmeister quasi. Denn alle Welt feierte mit einem Mal das größte Talent, das der deutsche Fußball je besessen hatte. Selbst die Konkurrenz.

»Sorry, daß ihr verloren habt, aber tröstet euch, ihr habt ja diesen jungen Kerl. Ich möchte sagen, er ist ein Genie.« Das hat Bobby Charlton gesagt, Englands Spielmacher, damals ein Weltstar. Beckenbauer war im Endspiel von Bundestrainer Helmut Schön dazu ausersehen worden, Charltons Kreise zu stören, was schon genug über den Stellenwert des damals 20jährigen aussagt. Der junge Franz verlor das Duell Gegenwart gegen Zukunft knapp, vielleicht um Nasenlänge, aber das reichte immer noch dafür, daß man ihn von nun an mit dem Etikett »Weltklasse« versah. Der schmale Jüngling war mit einem Mal aufgerückt in eine Reihe mit Pelé, Eusebio, Matthews, Charlton, di Stefano und Fritz Walter.

Es war die Art und Weise, wie Beckenbauer – schon damals – Fußball spielte, die den Aufbruch zu neuen Ufern im deutschen Fußball markierte. Der Scheitelpunkt seiner märchenhaften Karriere sollte auch eine Zäsur sein für den deutschen Fußball schlechthin. Die Seeler-Ära sollte in den nächsten Jahren langsam zu Ende gehen, das deutsche Spiel eine andere Wertung erhalten: Von Eleganz und Schönheit auf dem Fußballplatz war fortan häufiger die Rede als von Kraft und Schnelligkeit.

Der Name Franz Beckenbauer stand mit einem Mal für die Ästhetik dieses Sports.

Wie herrlich der mit dem Ball umgehen konnte. Wie traumhaft sicher sein Zuspiel den Partner traf. Wie exakt der Ball nach 40, 50 Metern Flug am vorbestimmten Punkt zu Boden ging. Wie unvergleichlich seine Ideen sprühten, mit denen er das Spiel vorantrieb und ihm immer wieder neue Wendungen gab. Wie gefährlich doch seine Schüsse waren, zu denen er offenbar statt des ganzen Beines nur das Fußgelenk benötigte. Wie unwiderstehlich seine Attacken, die er tänzelnd in der eigenen Abwehr begann, um sie im Angriff mit irgendeinem Kunststück aus dem Repertoire eines Genies abzuschließen.

All denen, die professionell mit der Beschreibung des Unbeschreiblichen beschäftigt waren, ging auf der permanenten Suche nach Superlativen bald die Tinte aus, ermattet einigten sie sich auf eine übergeordnete Formel: Franz Beckenbauer war mehr als ein Fürst oder König, er war der Kaiser.

Doch es waren nicht nur die Medien, die diesen Mann groß machten. Mit seinen kunstfertigen Füßen, mit seinem spritzigen Geist war es Franz Beckenbauer selbst, der den Fußball zu einer Kunstform stilisierte. »Der geht schon anders«, bemerkte einmal ärgerlich Willi Schulz, der schon eher dem herkömmlichen Bild eines deutschen Fußballers entsprach.

Solche wie Schulz, wie Vogts, wie Seeler, arbeiteten emsig, angestrengt, verbissen und erfolgbesessen, aber kunstlos. Einer wie Beckenbauer scheute zwar auch die Arbeit nicht, aber er verrichtete sie leichtfüßig, scheinbar ohne Kraftanstrengung, quasi im Vorübergehen. Einer wie er schwitzte nicht, er transpirierte.

Die Weltmeisterschaft 1966 ist der internationale Durchbruch gewesen. Den ersten nationalen Titel, den deutschen Pokal, hatte er zu diesem Zeitpunkt mit Bayern München schon gewonnen. Und es sollte nicht lange dauern, bis auch der Europacup den Namen des süddeutschen Überraschungsklubs tragen würde. Auf dem Weg ins internationale Fußball-Establishment waren im Finale der Pokalsieger am 31. Mai

1967 die Glasgow Rangers der Gegner, die dort schon seit Jahren ihren Stammplatz innehatten. 70000 Zuschauer in Nürnberg zitterten mehr als zwei Stunden mit dem Außenseiter Bayern, der dank eines umsichtigen jungen Liberos Franz Beckenbauer (damals 22) und eines reaktionsschnellen jungen Torwarts Sepp Maier (damals 23) ein 0:0 über die 90 Minuten bringen konnte. Franz Beckenbauer erzählt:

»In der 107. Minute dann schlägt Ohlhauser einen weiten Paß fast von der Mitte bis in den Strafraum, und halb im Fallen schießt Franz Roth den Ball ins Tor.«

Das 1:0 und der erste Europacup für die Bayern. Schon zehn Tage später verteidigten sie in Stuttgart durch ein 4:0 über den Hamburger SV den deutschen Cup.

Im Herbst 1968 schließlich wird Beckenbauer gleichsam verbrieft, daß er zu den Besten der Welt gehört. In Rio de Janeiro spielt er spät am Abend bei 33 Grad Hitze und 98 Prozent Luftfeuchtigkeit neben Wolfgang Overath und Willi Schulz in der sogenannten Weltelf gegen Brasilien. Die Südamerikaner gewinnen vor 100000 Zuschauern im Maracana-Stadion mit 2:1, doch Brasilien feiert den jungen Münchner als »unerreicht und genial«.

Libero oder Mittelfeldspieler?

Nicht viel später, nur zehn Tage vor Weihnachten 1968, ist Franz Beckenbauer mit der deutschen Nationalmannschaft an die gleiche Stelle zurückgekehrt und hat noch einmal für Wirbel gesorgt, wenn auch diesmal auf ganz andere Art. Das 2:2 der Deutschen in Brasilien hatte den Kritikern hüben wie drüben allergrößtes Lob entlockt. Nach den beiden Toren von Held und Gerwien hat es sogar geheißen, dieses Ergebnis sei so gut gewesen wie ein Sieg.

Doch noch etwas ganz anderes erhitzte die Gemüter, und viele glaubten, an diesem Tag habe sich ein Riß durch die deutsche Mannschaft gezogen.

»So macht das Fußballspielen Spaß«, hatte Franz Beckenbauer gesagt, was allein natürlich nach solch einem Spiel niemanden überraschen konnte. Aber: »Ich meine, so wie ich spielen durfte, mit dieser taktischen

Aufgabe. Sie ist mir auf den Leib geschrieben, es gibt nichts anderes für mich.« Und dann noch dieser Satz: »Hoffentlich kommen die, die es angeht, bald dahinter.«

Das ging in allererster Linie Helmut Schön an, den Bundestrainer. Der hatte nämlich damals Beckenbauer, was der mit »taktischer Aufgabe« umschrieb, auf dem sogenannten Libero-Posten spielen lassen. Was sich heute so selbstverständlich anhört, ist 1968 ein ganz heißer Diskussionsstoff gewesen.

Seit 1965 nämlich, seinem Länderspiel-Debüt, hatte es Beckenbauer in der Nationalelf nur als Mittelfeldspieler gegeben. Hier war er in die Weltklasse aufgerückt, hier war er Vize-Weltmeister geworden, hier gab es, meinten die Experten, für einen schöpferischen Spieler wie den Münchner das optimale Arbeitsfeld.

In Deutschland, bei Bayern München aber, hatte Tschik Cajkovski, und das kann man ihm gar nicht hoch genug anrechnen, einen ganz anderen Typ Fußballspieler in Franz Beckenbauer erkannt und ihn auch entsprechend eingesetzt. Als Libero eben. Das Wort Libero kommt aus dem Italienischen und heißt übersetzt »der freie Mann«. Der letzte Mann, sagen die Fußball-Fachleute auch sinngemäß, denn der Libero steht noch hinter der eigenen Abwehr vor dem Tor, hat keinen direkten Gegenspieler, dafür aber die Augen überall. Er spielt eine Art Feuerwehr in den eigenen Reihen, wo es brennt, wo ein Kollege vielleicht einen Zweikampf verloren hat, da ist Arbeit für den Libero.

Bis dahin könnte man den Libero auch noch »Ausputzer« nennen, wie es früher hieß. Beschränkte sich die Rolle des »Ausputzers« jedoch auf die destruktive Abwehrarbeit, so prägte Beckenbauer die Libero-Rolle durch konstruktive Aufbauarbeit in der Offensive. Er war Verteidiger, Spielmacher und häufig sogar Torjäger in einer Person.

Es hat jede Menge Trainer gegeben am Ende der sechziger und Anfang der siebziger Jahre, denen dieses risikoreiche Spiel über den Fußballverstand ging. Zum Glück hat Tschik Cajkovski rechtzeitig erkannt, daß Beckenbauer in jeder Spezialistenrolle, ob in Abwehr oder Mittelfeld, nur die Hälfte wert, verschenktes Kapital gewesen wäre.

In der Abwehr zeichneten ihn ein gutes Auge, das Gefühl für den Ball und die Situation, sowie seine Sicherheit im Zweikampf aus.

Im Mittelfeld machten ihn seine Geschmeidigkeit, seine Übersicht, seine Intuition, seine Fähigkeit, die Entwicklung eines Spieles vorauszuahnen und dies entsprechend umzusetzen, sowie sein zentimetergenaues Zuspiel zu einem Spielmacher, zu einem Antreiber der Extraklasse.

Und im Angriff, da konnte er die ganze Erfahrung und Praxis als Stürmer während seiner Jugendjahre mit ins Feld bringen.

Bei Bayern München also spielte Franz Beckenbauer, wie gesagt, die geliebte Libero-Rolle. In der Nationalelf aber regierte nach wie vor der altvertraute Ausputzer, weil das erstens seit Jahren so üblich und auch relativ erfolgreich war und weil Helmut Schön schon damals zu den Konservativen der Branche gezählt werden mußte. Und dann gab es da eben Willi Schulz, einen Mann nicht ohne Einfluß, der zwar ängstlich um sich schaute, wenn er sich einmal mehr als fünfundzwanzig Meter vom Tor entfernt hatte, ansonsten aber seine Zerstörerrolle in der Abwehr mit zweifelsfreier Klasse versah. An Willi kam so schnell keiner vorbei und eben auch ein Franz Beckenbauer nicht.

So mußte er sich also teilen. Libero in München, Mittelfeldspieler in der Nationalelf, wobei er gewiß keine schlechte Figur abgab, aber die Fachleute und vor allem er selbst spürten schon: da wäre eigentlich mehr drin.

An diesem Abend in Rio hatte Beckenbauer also erstmals auch bei Schön Libero spielen dürfen. Das lag nun nicht etwa an einer wundersamen Wandlung unter der berühmten Mütze des Bundestrainers, sondern vielmehr an ganz simplen Realitäten: Willi Schulz hatte nämlich schon in früheren Spielen mit gutem Erfolg dem schwarzen Wundermann Pelé auf den flinken Füßen gestanden und deshalb sollte er das auch diesmal wieder tun.

Die Taktik funktioniert fehlerlos, wie das Ergebnis schon zeigt, aber gerade wegen dieses Erfolges war nun eigentlich jedem in der Mannschaft klar, daß es zu Spannungen, wenn nicht gar zum Krieg der Systeme kommen würde.

Da saß nun also der trotzige Libero Beckenbauer und begehrte auf, wie er es bis dahin noch nie getan hatte.

»In meinem Klub spiele ich Libero. In der Nationalelf muß ich ins Mittelfeld. Meine Leistung leidet unter der ständigen Umstellung. Einmal so, einmal so. Das ertrage ich auf die Dauer nicht. Ich spiele schlechter, als ich kann, und mein Marktwert sinkt.«

»Dafür bin ich mir zu schade. Auf diese Weise spiele ich meinen Ruf zu Schanden.«

»Man kann heute nicht mehr mit einem Ausputzer spielen wie vor dreißig Jahren. Das ist altmodisch und erfolglos.«

»Der Willi hält seine Schäflein hinten zusammen, keiner darf mal nach vorne gehen. Und tut es einer trotzdem, schreit er gleich: ‚Komm zurück, komm zurück.' Das ist doch a Schmarrn.«

»Wenn das die Leute, die es angeht, nicht einsehen, mache ich lieber Schluß mit der Nationalelf. Dann spiele ich nur noch im Verein.«

»Eigentlich warte ich nur darauf, daß die Italiener endlich die Grenzen aufmachen. Dann geh ich, und dann ist es gewiß nicht nur wegen des Geldes.«

»Manchmal meine ich, ich sollte den Fußball ganz an den Nagel hängen.«

»Libero, das ist der Posten für mich und sonst keiner. Soll ich warten, bis Willi Schulz abgetreten ist? Das kann ich nicht. Dann steige ich lieber gleich aus.«

Schulz meinte dazu nur, wenn einer sage, er könne nicht im Mittelfeld spielen, dann verliere er den Anspruch, ein überdurchschnittlicher Fußballspieler zu sein. Helmut Schön rief die beiden Streithähne zu einer Dreierrunde, aus der Beckenbauer nicht unbedingt als Sieger hervorging. Um des lieben Friedens willen gab er klein bei und blieb ein friedsamer, unzufriedener, aber trotzdem überdurchschnittlicher Mittelfeldspieler, bis Willi Schulz die Weltmeisterschaft 1970 hinter sich gebracht hatte.

Doch vorher noch führte der Libero Beckenbauer seinen Klub zu einem Erfolg, der bis dahin, mehr als dreißig Jahre zuvor, nur dem FC Schalke 04 gelungen war: Der FC Bayern holte sich in der Saison 1968/69 die deutsche Meisterschaft und den deutschen Pokal.

Jetzt träumte der Franz, gerade 23, von dem letzten Titel, der ihm noch fehlte, vom Europacup der Landesmeister. Doch davor stand erst einmal eine Enttäuschung. Im ersten Spiel dieses Pokals gab es gegen den französischen Meister St. Etienne noch ein 2:0, das 0:3 im Rückspiel bedeutete dann aber schon das schnelle Ende aller Träume für die Münchner Mannschaft, die mittlerweile von dem Jugoslawen Branko Zebec trainiert wurde.

Weltmeisterschaft in Mexiko 1970

Mexiko. Das ist das Land, das den großen Franz Beckenbauer geradezu liebt, seit er dort 1970 einen so glänzenden Eindruck hinterlassen hat. Das ist das Land, in dem er 1986, also sechzehn Jahre später, noch einmal Triumphe feiern will. Den dritten Platz hat er dort 1970 mit der deutschen Nationalelf belegt, es war nicht seine erfolgreichste WM (1966 Zweiter, 1974 Weltmeister), aber es war seine schönste. Und deshalb liebt auch er dieses Land.

»Mexiko ist nicht zu übertreffen. Das war die unvergeßlichste Weltmeisterschaft.« Der Empfang, die Gastfreundschaft, die offene Sympathie der Mexikaner, Beckenbauer denkt noch heute daran und er freut sich bereits wieder darauf: »Damals war jedes Spiel ein Heimspiel für uns.«

Und es waren großartige Spiele. Jahrhundertspiele, hieß es damals nach dem Viertel- und dem Halbfinale gegen England und Italien.

Dabei war zuvor noch nie ein Austragungsort derart umstritten gewesen wie Mexiko. Die klimatischen Verhältnisse, die ungewohnte Höhenluft, die ungewissen hygienischen Bedingungen, all die Legenden um Montezumas Rache, kaum einer hat damals begreifen wollen, daß der Weltverband FIFA die WM ausgerechnet nach Mexiko gegeben hatte.

Doch dann geriet diese WM zu einem der größten Fußballfeste schlechthin. Mexiko 1970 sah ein hohes spielerisches Niveau, beeindrukkende Kulissen und Spiele von nie dagewesener Spannung.

Die Deutschen hatten im Hotel Balneario in Comanjilla, etwas außerhalb der Stadt León, Quartier gemacht, und die Chronisten notierten, wieder einmal hätte sich bei der Auswahl der Unterkunft das großartige organisatorische Talent des Deutschen Fußball-Bundes bestätigt. 15 Jahre später, anläßlich der WM-Vorbereitungsreise 1985 nach Mexiko-City, wird dem DFB und seinem Chef Hermann Neuberger genau an dieser Stelle absolute Unfähigkeit attestiert.

Das erste Spiel war allenfalls von statistischem Wert. Marokko wurde mühsam mit 2:1 besiegt, Uwe Seeler und Gerd Müller, das zuvor heiß umstrittene deutsche Stürmerpaar, schossen wie geplant gemeinsam die Tore des Tages. Im zweiten Spiel wirbelte endlich der Schalker »Stan« Libuda, Gerd Müller sorgte im 5:2 gegen Bulgarien diesmal für drei

Treffer, Seeler und Libuda für die anderen beiden. Das 3:1 gegen Peru, Beckenbauers Münchner Vereinskollege Müller schoß alle drei Tore, ließ die Deutschen die Vorrunde als Sieger beenden.

Das Viertelfinale war erreicht, und England sollte in León der Gegner sein. Ausgerechnet England, der Endspielpartner von 1966.

»Wir denken nicht an 1966«, sprach Bundestrainer Helmut Schön, was natürlich überhaupt nicht stimmte.

Ein unglaubliches, ein verrücktes Spiel. Die Deutschen scheinen eine Stunde lang überhaupt keine Chance zu haben, kein Mittel zu finden gegen die starken Engländer. Der Titelverteidiger führt 2:0 und wird in der Siegessicherheit überheblich. Das ist der erste Fehler.

Um ihn für das sicher geglaubte Halbfinale zu schonen, nimmt Trainer Alf Ramsey den großen, aber mittlerweile auch in die Jahre gekommenen Bobby Charlton aus dem Spiel. Das ist der zweite Fehler.

»Nun sei bedankt – mein lieber Schwan!« Carl Heyland

Denn wie schon im WM-Finale 1966 ist auch diesmal wieder Franz Beckenbauer Charltons direkter Gegenspieler, und kaum ist der Engländer vom Platz, da setzt der Münchner den Ball zum 2:1 hinter Torwart Bonetti ins Netz.

Das Spiel sollte noch kippen.

Uwe Seeler markiert unnachahmlich per Hinterkopf das 2:2, und plötzlich zittern den Engländern die Knie.

»Wir erkannten, daß die Engländer in der Abwehr verwundbar sind und machten Druck«, erzählt Beckenbauer. »Und die wurden immer nervöser.«

Verlängerung. Und das bei 50 Grad Hitze im »Estadio León«. »Wir hatten einen Rückstand aufgeholt, die Engländer einen Vorsprung eingebüßt, natürlich gingen wir da mit einem ganz anderen Dampf in diese letzten dreißig Minuten.«

Die Deutschen verlieren nun gänzlich ihren Respekt vor den großen Engländern, der Siegtreffer ist eigentlich nur noch eine Frage der Zeit. Gerd Müller, wer sonst?, erzielt ihn in der 108. Minute.

„Vielleicht war das mein schwerstes Spiel überhaupt«, sagt Beckenbauer heute. »Ich konnte zum Schluß meine Knie nicht mehr durchdrükken, spielte mit Wadenkrämpfen.« Von seinen 72 kg beim Anpfiff waren am Ende nur noch 68 geblieben.

»In einem solchen Spiel blutet eine Mannschaft aus«, meinte Helmut Schön, doch es sollte, ganze drei Tage später, noch einmal so hart werden für seine Truppe.

Italien ist der Gegner, und wieder geht es über 120 Minuten. Es ist wohl müßig darüber zu streiten, welches dieser beiden Spiele, das gegen England oder das gegen Italien, nun das spannendere gewesen sein mag. An Dramatik waren wohl beide kaum zu überbieten, und beide sind sie auch in die Fußball-Geschichte eingegangen.

Wieder führt der Gegner, 0:1 durch Boninsegna in der achten Minute. Franz Beckenbauer wird verletzt, aber er gibt nicht auf.

»Es war ein Foul wie jedes andere. Ich bin unglücklich gefallen, und bei diesem Sturz wurde mein Schultereckgelenk gesprengt.«

Buchstäblich bis zur letzten Minute laufen die Deutschen dem Vorsprung nach. Schiedsrichter Yamasaki, der Uwe Seeler zuvor einen Foulelfmeter versagt hat, läßt dafür wenigstens zwei Minuten länger spielen, und da setzt Karl-Heinz Schnellinger, ausgerechnet der Italien-Legionär, den Italienern den Ausgleich ins Netz.

Das Stadion tobt. Wieder Verlängerung. Beckenbauer hat den rechten Arm vor die Brust binden lassen. Ein heldenhaftes Bild. Gerd Müller, der mit zehn Treffern Torschützenkönig dieser Weltmeisterschaft wird, schafft sogar die 2:1-Führung. Beide Mannschaften stürmen weiter, was das Zeug hält. Burgnich, 2:2, der Ausgleich. Riva, 2:3, der Rückstand. Müller, 3:3, wieder der Ausgleich. Italiens Torwart beißt ins Netz. Riva, 3:4, die Führung, der Sieg für Italien. Welch ein Drama.

»Es war erstaunlich, daß wir dieses Spiel überhaupt durchgehalten haben«, sagt Beckenbauer. »Aber über den Schiedsrichter, der uns den einen oder anderen Elfmeter versagt hat, habe ich mich beinahe noch mehr geärgert als über das dritte Tor im WM-Finale in England.«

Zum Spiel um Platz drei tritt Beckenbauer dann wegen seiner Schulterverletzung nicht mehr an. »Wären wir allerdings ins Finale gekommen, hätte ich gespielt.«

Der Münchner wird schmerzlich vermißt, die deutsche Abwehr rennt herum wie ein aufgescheuchter Hühnerhaufen. Doch ein Tor des Kölners Wolfgang Overath, sein einziges bei dieser WM, sichert den Deutschen das 1:0 über Uruguay und wenigstens Platz drei bei dieser Weltmeisterschaft. Mit der mexikanischen Nationalflagge laufen die deutschen Spieler eine Ehrenrunde, nehmen begeistert gefeiert Abschied von Land und Leuten. Szenen, die Mexikanern wie Deutschen noch heute in angenehmer Erinnerung sind. »Ich denke gerne an Mexiko zurück«, sagt Franz Beckenbauer.

Bewunderer und Neider

Wieder war es so: Deutschland hatte verloren, und Beckenbauer gehörte zu den Siegern. Jetzt war er endgültig der Größte. Der Weltbeste. Der Kaiser eben. Die Lobgesänge wurden immer lauter, und immer schwieriger wurde die Suche nach den Worten, die seinem Spiel, seinen Auftritten gerecht werden konnten.

»Ein leibgewordener Götterliebling, eine Sonntagslaune der Natur«, schwärmte der Journalist Horst Vetten. »Wenn andere Fußball arbeiten, vielleicht Fußball spielen, dann zelebriert er Fußball. Im Gemetzel des Kampfes wirkt er gelegentlich deplaziert wie ein Gentleman im Gewoge einer Wirtshauskeilerei. Wenn der Kaiser sich auch quälen muß, wirkt das stets wie Maloche mit Adel.«

»Franz Beckenbauers Stil ist anmutig. Sein Laufstil hat auch im höchsten Tempo Grazie. Obwohl häufig gesenkten Kopfes spielend, hat er eine weit über das Normale ausgeprägte Fähigkeit des peripheren Sehens. Das heißt, er überblickt aus den Augenwinkeln das halbe Feld. Und er tut in einer bewundernswerten Weise fast immer das Richtige, daß sich selbst routinierte Fußballbetrachter nicht schlüssig werden, ob dies Intelligenz, Instinkt, Genie, Reflex oder eine Mischung aus allem ist.«

»In schlimmster Freistoßhektik zaubert er, einer Zirkusnummer gleich, den Ball über gegnerische Menschenmauern ins Tor. Er kann den Ball atemberaubend weit und mit schier unfaßbarer Akkuratesse einem Mitspieler vor die Füße schlagen.«

»Da steht er dann und blickt dem Kunstwerk nach, und es sind angesichts solchen Fußball-Filigrans schon brodelnde Fußballstadien in Andacht versunken.«

Das alles ist er also. Und noch vieles mehr. Künstler, Zauberer, Überirdischer und trotzdem ein Mann von Welt, selbst in kurzen Hosen noch. Ein Phänomen und vielen ein Rätsel. Eine neue Dimension und deshalb den meisten suspekt.

Wo sich einer derart abhebt, wo einer soweit entrückt scheint, da stauen sich natürlich Neid und Mißgunst, und die Leute ließen ihn das spüren. Seine Distanz wurde mit Arroganz erklärt, und seine Auftritte vor allem in westdeutschen Stadien wurden mehr und mehr zum Spießrutenlaufen.

Statt den Genialsten, der jemals auf ihrem Rasen auf und abgelaufen ist, entsprechend zu würdigen – wie das im übrigen in Italien bei den Stars der Gastmannschaften seit Jahren eine Selbstverständlichkeit ist –, statt ihm offene Bewunderung zu demonstrieren, versteckten sich die Leute hinter feigen Pfiffen und Buh-Rufen. Ob nun Italien oder später Amerika, das Ausland hat Franz Beckenbauer aus eben diesem Grund beinahe seine gesamte Karriere über gereizt. Ein Wunder im Grunde nur, daß er dem Ruf erst so spät folgen sollte. Denn Dankbarkeit ist das nicht gerade gewesen, was ihm in Deutschland die Fans, sein Verein und der Verband entgegenbrachten.

Ob nun aus Neid oder Liebe, sein Leben wurde von nun an zum öffentlichen Eigentum. Auch, oder gerade sein Privatleben. Nichts, aber auch nichts blieb mehr im Verborgenen, und es wurde zu jedermanns Sache, was eigentlich nur seine Sache war. Geld, Liebe, Glück – der Stoff, aus dem die Träume sind, füllte mehr Beckenbauer-Stories als seine fußballerischen Glanztaten.

Da mußte er die heuchlerische Schelte eines katholischen Landpfarrers über sich ergehen lassen, weil sein voreheliches Leben und das seiner Frau offenbar den sittlichen Vorstellungen der Kirche nicht entsprochen hatten. Daß er auch das letzte Stück Intimsphäre nicht mehr sein eigen nennen konnte, zeigte ihm recht geschmacklos eine Sonntagszeitung auf, die bei der Veröffentlichung eines Nacktfotos der Bayernspieler im Schwimmbecken auch die anatomischen Besonderheiten des Kapitäns Franz Beckenbauer einer Würdigung unterzog. Selbst in Holland erklärte das Gericht von Almelo im Streit zweier Nachbarn den »lelijken, vuilen (häßlichen, fiesen) Beckenbauer« zum Schimpfwort, dessen Benutzung mit 75 Gulden bestraft wird.

Ein Zuschauer in Hannover erstattete sogar Anzeige gegen ihn, weil er sich nach einem verlorenen Spiel zur Männeken Pis-Pose hinreißen ließ. Und nach einem Auftritt in der DDR meinte auch das FDJ-Organ »Junge Welt« sich einmischen zu müssen, als es die Gelegenheit zur gesellschaftspolitischen Schelte gesehen hatte: Beckenbauer wolle nicht einfach nur Fußball-Millionär, sondern »ein voll integriertes Mitglied der oberen Zehntausend« sein. Deshalb nutze er jede Gelegenheit, zu demonstrieren, wie weit er sich eigentlich schon von seiner Arbeitswelt entfernt habe.

Beckenbauer zwischen den Klassen. Der einen entwachsen, für die andere aber scheinbar noch nicht groß genug. Und aus beiden Lagern schossen sie ihre Pfeile auf ihn ab.

„Ich kann nicht mehr mit einem Lebkuchenherz um den Hals übers Oktoberfest laufen«, sagte er einmal, und es war nicht mehr als die nüchterne Feststellung, nun nicht mehr der Herr über sein Tun, seine Wünsche, sein Leben zu sein. Das waren längst andere, das war die Öffentlichkeit.

Nichts konnte er mehr tun, was nicht beurteilt, gewertet und meist kritisiert wurde. Der Badeurlaub in Israel ging nicht ohne Diskussionen ab, und als ihm am Gardasee sein Mercedes geklaut wurde, gab es öffentlich tatsächlich zwei Fragen: Warum Mercedes, warum Gardasee?

Beckenbauer, auch nur ein Mensch mit den dazugehörigen Fehlern, reagierte geknickt: »Mir werden Dinge angelastet, die anderen nachgesehen werden.«

Daß er die Ungeheuerlichkeit wagen konnte, zu seiner Geburtstagsfeier hundert Gäste einzuladen, ohne dabei auch nur einen Mannschaftskollegen zu berücksichtigen! Dabei war doch sogar die gesamte Bayern-Elf vertreten, in Form von Marzipanfiguren auf einer Torte, zum Verzehr angeboten. Aber nicht einmal seine Freunde konnte er sich mehr aussuchen.

»In meinen bis dahin mehr als zehn Jahren beim FC Bayern hatte mich noch nie ein Spieler zu seinem Geburtstag eingeladen.«

Das Volk nahm regen Anteil am Tun des Kaisers und schimpfte ihn einen eitlen Emporkömmling, als er auch noch mehr und mehr Ausflüge in die Welt von Kunst, Geld und Adel unternahm. Franz-Josef Strauß, »Blacky« Fuchsberger, die Begum, Fürsten und Könige, das sollten mit einem Mal Beckenbauers einzige Freunde sein. Der Sohn des Münchner Postobersekretärs als fester Bestandteil des internationalen Jet-Set. Von Giesing nach Hollywood – welch ein Stoff für Klatschgeschichten.

Alle wollten sich anscheinend mit dem Kaiser Franz umgeben, und weil ihm das schmeichelte, er soviel Beachtung als interessant und amüsant empfand, unternahm er eben die Trips in diese fremde Welt. Nach Kairo zum Beispiel, weil dort die Tochter des ägyptischen Präsidenten Sadat heiratet. Da passiert er sogar nach längerem Gezeter die Paßkontrollen, obwohl er seinen Ausweis daheim in München vergessen hat. Da nimmt er im Festzelt neben der ehemaligen Königin von Libyen Platz, um mit seinen bescheidenen Englisch-Kenntnissen aus einem abgebrochenen Berlitz-Kurs schnell an der Konversation zu scheitern. Sadat schüttelt er die Hand und säße trotzdem so viel lieber zu Hause mit den Kindern im Garten.

Er besucht die Ballett-Festwochen in München, die Wagner-Festspiele in Bayreuth. Und immer wieder heißt es, Ehefrau Brigitte habe ihn dort hingezogen. Er mag Musik, auch wenn er nich allzu musikalisch ist. Von dem, was in Bayreuth abläuft, hat er jedoch nicht die Spur einer Ahnung. Bundespräsident Walter Scheel macht ihn mit der Begum bekannt, der Witwe Aga Khans, weil diese darum gebeten hat. Die Kameraverschlüsse klicken, doch Franz Beckenbauer stünde lieber auf dem Trainingsplatz, einen ordinären Fußball am Fuß.

Und der Musikgenuß ist für ihn von zweifelhafter Qualitiät. Sieben Stunden »Tristan und Isolde«, das ist länger als vier Fußballspiele. Der Smoking ist eine Zwangsjacke für ihn. Und das Kreuz schmerzt höllisch. Das sollten nicht des Kaisers neue Kleider sein.

Des Kaisers Sturz Pepsch Gottscheber

Auch nicht der Frack, in den er sich, Brigitte zuliebe, zum Wiener Opernball gezwängt hat. Frack muß dort sein, und weil er keinen im Schrank hängen hat, läßt er sich einen beim Peppino in Wien schneidern. Aber deshalb kann er immer noch nicht tanzen, und das ist sein Problem. Denn was soll er auf dem traditionsreichsten Ball der Welt, wenn er nicht das Tanzbein schwingt?

Der Saal ist hell, der Walzer schnell und die Fotografen sind neugierig. Also muß vorher eine Tanzlehrerin helfen. Die Privatstunden zeigen Erfolg – zumindest im leeren Übungssaal. Rumms, beim Wiener Opernball fehlt der Platz zum Tanzen, rumms, das erste Paar bekommt schnell die ganze Dynamik eines tanzenden Fußballers zu spüren, rumms das zweite, rumms das dritte, und bald schon läßt Franz Beckenbauer auch diesen Seitensprung sein. Das Parkett ist ihm zu glatt.

Ehefrau Brigitte hat ihn draufgeführt, das ist gar kein Geheimnis, und das ist auch ganz normal. Nicht das Streben nach Höherem ist in diesem Fall der Grund gewesen, sondern ganz einfach eine lebenslange Liebe zur Musik, die sie schon mit 17 regelmäßig in die Oper getrieben hat.

Und Franz? »Es ist kein Zufall, daß seine Nähe die Schauspieler, Künstler, Sänger und Artisten suchen, die alle davon leben, daß ihre Inspiration und Begabung sie zu dem macht, was sie sind«, schreibt der Psychologie-Professor Fritz Stemme. »Sie sind anfällig für Identitätskrisen. Sie wissen nie, wie sie wirklich sind, denn die öffentliche Zuwendung hebt sie ins Himmelreich oder in die Zirkuskuppel, wo sie allein und in gehöriger Distanz zur Menge ihre Leistung vollbringen. Sie werden deshalb gefeiert und bewundert, aber fast nie geliebt.«

So ist es auch bei Beckenbauer. Kein Wunder, daß der Kaiser, wie im Märchen, immer neue Kleider haben will. Und doch ist dies nicht das Leben, das er suchte. Es ist nicht sein Leben. »Meine Frau hat damals nicht begriffen, daß ich nach meinen vielen Reisen am liebsten zu Hause geblieben wäre und daß ich außer den Kindern niemanden sehen wollte«, sagt er später. Sein Leben, das war damals, abseits des Fußballs, das Haus im Münchner Prominentenvorort Grünwald, das er sich mittlerweile gekauft hatte. Gar nicht mal eine Prunkvilla, aber acht Zimmer, 5500 Quadratmeter Grund, eine große Wiese, Pflanzen und Bäume. Vor allem: Sein Refugium. Hier, nur hier gab es noch Franz Beckenbauer ungeschminkt.

Die guten Jahre der Nationalmannschaft

Franz Beckenbauer, der Perfektionist. Wann er selbst der Perfektion am nächsten war? Er spricht von seiner Person nur als dem elften Teil einer Mannschaft: »1972 hatten wir mit der Nationalelf unser spielerisch bestes Jahr.«

Das Jahr der Europameisterschaft. Das Jahr, in dem die deutsche Nationalmannschaft fußballerisch einen Gipfel erreichte, der selbst den Gewinn der Weltmeisterschaft 1974 noch um Längen überragte. Die französische Sportzeitung »L'Equipe« schwärmte vom »Traumfußball aus dem Jahre 2000«.

Dabei hatte diese Europameisterschaft alles andere als traumhaft begonnen für die Deutschen. Ein mageres 1:1 am 17. Oktober 1970 in Köln gegen den vermeintlichen Fußballzwerg Türkei hatte schon wieder Erinnerungen wach werden lassen an das Jahr 1967, als das kleine Albanien durch ein 0:0 in Tirana den Deutschen die Tour vermasselte.

Doch an gleicher Stelle wurden sämtliche Zweifel schnell wieder zerstreut, diesmal brachte die Elf von Helmut Schön einen 1:0-Sieg aus Tirana mit. 3:0 in Istanbul, die Türken mußten für ihr Unentschieden in Köln kräftig bluten. Das 2:0 in Karlsruhe gegen Albanien, und nach Toren von Gerd Müller (2) und Jürgen Grabowski ein großartiges 3:1 in Warschau gegen die Polen (Rückspiel in Hamburg 0:0) sorgten für klare Verhältnisse: die deutsche Mannschaft war Gruppensieger, und Polens Trainer Gorski wußte schon mehr: »Wir haben gegen den Europameister verloren.«

Helmut Schön bewies eine glückliche Hand. Franz Beckenbauer hatte sich endgültig als Libero durchgesetzt, und der Mannschaft bekam die Blockbildung durch Spieler vorwiegend aus München und Mönchengladbach ganz ausgezeichnet. Vor allem, weil die Last der Verantwortung nicht mehr allein bei Franz Beckenbauer lag: 1972 erlebte den besten Günter Netzer aller Zeiten.

Und wohl auch die beste deutsche Elf auf lange Sicht. Der Grundstein zu dieser neuen Fußballfestung Deutschland wurde am 29. April 1972 in London gelegt.

Wembley. Wieder Wembley. Hier war das WM-Endspiel 1966 verlorengegangen. Und wieder England. Franz Beckenbauer hatte 1968 in

Hannover den einzigen Treffer zum ersten Sieg der Deutschen erzielt, im WM-Viertelfinale 1970 in Mexiko gab es jenes legendäre 3:2 für die Schön-Elf. Jetzt also wieder England.

Und die Voraussetzungen waren nicht eben gut. England war wieder eine Macht, in Wembley ohnehin beinahe unbesiegbar, und Bayern München, das sechs Spieler der deutschen Nationalelf stellte, war gerade gegen Glasgow aus dem Europacup geflogen, hatte die letzte Meisterschaftschance verspielt. Aber wie so häufig stehen gerade im Fußball Erwartung und Realität im krassen Mißverhältnis. So ist es auch diesmal gewesen, und die Realität hat die Erwartung um Längen übertroffen.

85 000 Engländer haben da gesessen wie die staunenden Kinder. Man hatte soeben ihr liebstes Spielzeug auseinandergenommen, und vor lauter Bewunderung konnten sie sich nicht einmal richtig ärgern darüber. 3:1 für Deutschland, das war das nüchterne Ergebnis. Die Zeitungen aber schrieben von einer Demütigung, von einem außergewöhnlichen Ereignis, von einer Gala-Vorstellung der Deutschen, die die Engländer, wie es hieß, in ihre Bestandteile zerlegten. Ein Auftritt, der in allen Geschichtsbüchern des Fußballs mit drei Ausrufungszeichen versehen ist.

»Die Engländer wurden enthäutet«, schrieb ganz kraß die italienische Zeitung »Gazetto dello Sport«, und: »Eine Illusion fiel zusammen, eine andere begann mit Deutschland auf dem Lehrstuhl.«

»Es war die beste deutsche Mannschaft, die bis dahin im Wembley-Stadion gespielt hat«, sagt Franz Beckenbauer. Eine Mannschaft mit zwei Stars: Franz Beckenbauer und Günter Netzer. Der Mönchengladbacher spielte wie im Rausch, und das sachverständige englische Publikum klatschte begeistert in die Hände. Netzer kam aus der Tiefe des Raumes, wie damals so griffig formuliert wurde, mit langen Schritten durchlief er das Mittelfeld, er bestimmte den Takt des deutschen Spiels.

Damals wurde auch ein Begriff geprägt, der nicht lange, und nur für die beiden Beteiligtem, Gültigkeit besitzen sollte: Ramba-Zamba.

Was sich da wie ein folkloristischer Tanz aus Südamerika anhört, ist im Grunde auch so etwas ähnliches gewesen, ein munteres, elegantes, temperamentvolles und geschmeidiges Wechselspiel zwischen zwei Partnern, zwischen Netzer und Beckenbauer eben. Ramba-Zamba – das war der deutsche Doppel-Libero. Weil nämlich Englands Trainer Alf Ramsey angekündigt hatte, man werde diesem Netzer schon gehörig auf die Füße steigen, hat sich dieser immer wieder in die eigene Abwehr zurückfallen lassen und somit Platz für Beckenbauers Sturmläufe gemacht.

Netzer: »Der Franz hat sofort erkannt, welche Möglichkeiten sich da auftaten, ohne daß wir uns abgesprochen hatten.« Netzer krönte seine glänzende Leistung denn auch durch ein Elfmetertor zum 2:1, Uli Hoeneß und Lee hatten mit ihren Treffern den Spielstand bis dahin ausgeglichen gestaltet. Das Siegtor zum 3:1 ging schließlich durch einen für ihn typischen Drehschuß auf Gerd Müllers Konto.

Paul Breitner, der später für Real Madrid spielte, hat hinterher häufig die Geschichte von seinem Trainer Milan Milanic erzählt, der im Wembley-Stadion Zeuge dieses Traumspiels gewesen ist. Dieser Milanic habe hernach den Real-Kollegen immer wieder erzählt, »daß es das größte Spiel war, das er jemals gesehen hat. In Technik und Spielauffassung wird es nie mehr etwas Besseres geben. So hat Fußball auszusehen.«

Noch lange nachdem Mister Tony Convers, der Verwaltungsdirektor des Wembley-Stadions, von seinem Assistenten die Scheinwerfer hatte ausknipsen lassen, lagen sich unter dem Tribünendach Hunderte von freudetrunkenen deutschen Schlachtenbummlern in den Armen, zündeten ein Freudenfeuerchen nach dem anderen, lachten und tanzten und besangen diesen denkwürdigen Tag, »so wunderschön wie heute«.

Das Bemühen der Engländer, diese Schande beim Rückspiel in Berlin auszuwetzen, scheiterte in einem für beide Seiten mäßigen 0:0-Spiel. »Bei uns war in diesem Spiel nur der Erfolg wichtig«, sagt Beckenbauer, »und den hatten wir.«

Die Deutschen wären eigentlich auch Ausrichter der EM-Endrunde '72 gewesen, aber weil der DFB noch mit der Ausrichtung des Olympischen Fußball-Turniers und mit der Vorbereitung auf die Weltmeisterschaft 1974 genügend um die Ohren hatte, gab die UEFA die vier Spiele nach Belgien.

Schon damals wurde übrigens von den Beteiligten der mangelhafte Zustand der belgischen Stadien kritisiert, ein Zustand, der offenbar über Jahre so erhalten blieb. 38 Menschen bezahlten 1985 beim Europacup-Endspiel zwischen Juventus Turin und dem FC Liverpool in Brüssel mit dem Leben dafür.

Der Halbfinal-Gegner der Deutschen: Belgien, das durch den Erfolg über Italien Aufwind erhalten hatte. »Das Stadion in Antwerpen genügte in keiner Weise internationalen Ansprüchen«, bemängelte Franz Beckenbauer. Dafür hielt aber das Spiel, was es versprochen hatte. Die Begegnung stand auf hohem Niveau, die Belgier kämpften, die Deutschen spielten. Günter Netzer hob Gerd Müller den Ball auf den Kopf – das 1:0. Franz Beckenbauer machte das Spiel und Gerd Müller auch das 2:0. Am Ende hieß es 2:1, und die UdSSR sollte drei Tage später der Endspielgegner sein.

Die Deutschen waren Favoriten. Knapp vier Wochen vorher hatten sie die Russen in einem Freundschaftsspiel in München mit 4:1 besiegt, und seither war ihr Selbstvertrauen nur noch größer geworden.

»Aber die Russen waren uns als Gegner gar nicht recht«, erinnert sich Franz Beckenbauer. »Wir wußten, daß sie sich steigern konnten, während von uns die ganze Welt wieder einen überlegenen Sieg erwartete.«

Bitte schön: Die Elf von Helmut Schön siegte glatt mit 3:0, und Franz Beckenbauer durfte das erste Mal als Kapitän der deutschen Nationalmannschaft einen wichtigen Pokal entgegennehmen. Gerd Müller konnte seine Länderspieltreffer Nummer 50 und 51 verbuchen, das dritte Tor steuerte der Mönchengladbacher Herbert Wimmer bei.

»Die Stunden nach dem Endspiel waren für mich die schönsten und lustigsten, solange ich in Deutschland gespielt habe«, wird später Paul Breitner zitiert. »Auf der Fahrt zum Flughafen haben wir gesungen und gelacht wie ausgelassene Kinder.«

Aber schon damals drohte dem Spiel im Heysel-Stadion von Brüssel ein Skandal. Deutsche Fans hatten bereits vor dem Schlußpfiff die unzureichenden Absperrungen durchbrochen und waren auf den Platz gelaufen. Beckenbauer: »Wir waren froh, daß das Spiel nicht abgebrochen wurde.«

»Bayern könnte jeden schlagen«

Und nun schickte sich Franz Beckenbauer auch an, endlich mit dem FC Bayern München seinen langgehegten Traum wahr zu machen, den Gewinn des Europacups der Landesmeister. Wenngleich er sich da bis 1974 gedulden mußte.

Nach dem Gewinn des DFB-Pokals 1971 war er mit den Bayern wie schon 1967/68 (0:0, 0:2 gegen AC Mailand) im Cup der Pokalsieger wenigstens bis ins Halbfinale vorgedrungen, wo diesmal jedoch die Glasgow Rangers (1:1, 0:2) das Ende bedeuteten. Der deutsche Meister 1972 Bayern München wurde nach Siegen über Galatasaray Istanbul und Nikosia durch ein 0:4 bei Ajax Amsterdam (Hinspiel 2:1) aller internationaler Hoffnungen beraubt, ehe in der Spielzeit 1973/74 die Serie von drei Europacup-Siegen in Folge gestartet werden sollte.

Doch da waren erst einmal wieder erhebliche Startschwierigkeiten. Gegen Schwedens Meister Atvidaberg FF benötigten die Bayern in der ersten Runde ein Elfmeterschießen zum Weiterkommen, die Spiele der zweiten Runde gegen Dynamo Dresden (4:3 und 3:3) gerieten zu wahren Krimis.

Vorausgegangen war der Reise in die DDR eine Geschichte, wie sie im Grunde nur der FC Bayern schreiben kann. Sie waren kaum heraus aus München, da ließ Präsident Wilhelm Neudecker den Bayern-Bus kurz vor Nürnberg an der Autobahn-Raststätte Feucht stoppen. Mit Vizepräsident Karl Pfab, Schatzmeister Willi O. Hoffmann, Manager Robert Schwan, Trainer Udo Lattek sowie den Spielern Franz Beckenbauer und Gerd Müller gab es Geheimes zu besprechen.

Uli Hoeneß und Paul Breitner hatten zuvor im Bus von schlechten Erfahrungen berichtet, die sie bei einem UEFA-Turnier in der DDR mit überhitzten Hotels und ungewohnter Verpflegung gemacht hatten. Also wurde beratschlagt und beschlossen, was für internationalen Wirbel sorgen sollte: »Wir fahren heute nicht nach Dresden weiter«, sprach Wilhelm Neudecker. »Die Spieler übernachten in Hof und reisen erst am Spieltag an. Ich befürchte, daß unsere Spieler bei dem großen Höhenunterschied zwischen München und Dresden Akklimatisationsschwierigkeiten haben.«

Eine frechere Ausrede hat es wohl selten gegeben. München liegt 518 Meter über dem Meeresspiegel, Dresden 106 Meter.

Hotel Strauß in Hof also anstatt Hotel Newa in Dresden, und diese Vorbereitung, so Beckenbauer, sollte sich als genau richtig erweisen. »Der FC Bayern darf sich einfach keiner Gefühlsduselei hingeben.«

Ganz nüchtern und sachlich legte Uli Hoeneß denn auch vor 50000 Zuschauern im Hexenkessel des Dynamo-Stadions das 1:0 vor, planmäßig auch das 2:0, und als es beim Spielstand von 2:3 noch einmal eng zu werden drohte, setzte Gerd Müller mit seinem 3:3 den unverrückbaren Schlußpunkt.

ZSKA Sofia (4:1, 1:2) und Dosza Ujpest Budapest (3:0, 1:1) sind die nächsten Stationen gewesen auf dem Weg zum Endspiel im Brüsseler Heysel-Stadion. Dort wartete Atletico Madrid auf die Bayern und ein Drama in zwei Akten.

Die Bayern waren guter Dinge. Fortuna Düsseldorf hatte ihnen gerade durch einen Sieg gegen Mönchengladbach vorzeitig die erneute deutsche Meisterschaft beschert, die Teilnahme also auch am nächsten Europacup der Landesmeister war schon vor dem Finale gesichert.

Und trotzdem bekamen sie so recht kein Bein auf die Erde gegen die Spanier. 0:0 nach Ablauf der regulären Spielzeit, 0:0 auch noch nach der erste Hälfte der Verlängerung.

Als Luis schließlich in der 114. Minute den Ball mit einem raffinierten Freistoß ins Netz gezirkelt hatte, fühlten sich die Madrilenen schon als sicherer Sieger des Pokals.

»Für mich war der Pott weg«, meint Franz Beckenbauer später.

Doch dann fiel jenes Tor, das wohl zu den unglaublichsten der Bayern-Vereinsgeschichte zählen dürfte. Allein deshalb, weil es Georg Schwarzenbeck geschossen hat, und Tore Marke »Katsche« besitzen einen absoluten Seltenheitswert. Und dann auch noch so ein komisches Ding: Aus fast 30 Metern zog Schwarzenbeck ab, und als sich manch einer noch »Was soll denn das?« fragte, lag der Ball schon im Netz. Keiner hat das so schnell kapiert, am wenigsten der Torschütze selbst: »Ich hab' einfach draufgehauen.« Und, keine Frage, kein Widerspruch: »Das war das Tor meines Lebens.«

1:1 nach 120 Minuten, das Finale hatte immer noch keinen Sieger und mußte zwei Tage später wiederholt werden. Und erst dieses Spiel hielt, was man sich von dem ersten versprochen hatte. Die Bayern spielten begeisternden Tempo-Fußball, Uli Hoeneß und Gerd Müller schossen je zwei Tore, und Franz Beckenbauer demonstrierte in einer Mannschaft ohne Schwachpunkte seine absolute Sonderklasse. 4:0 gegen Atletico Madrid, der erste Europacup der Landesmeister also. Das Jahr 1974 ist nicht nur das erfolgreichste, sondern wohl auch das beste Jahr gewesen für die Bayern.

»Wenn wir alle elf immer so gut wären wie diesmal, könnten wir jede Mannschaft auf der Welt schlagen«, schwärmte nach dem Sieg in Brüssel selbst Franz Beckenbauer.

Unter Lattek und Cramer

Der Europacup-Sieg zwölf Monate später stand schon unter ganz anderen Vorzeichen. Die großen Bayern schienen am Ende damals. Der ganze Neid, die ganze Häme der Branche war in diesem Jahr auf sie heruntergeprasselt. Voller Schadenfreude hatte die Bundesliga ihre Krise registriert, ihr Scheitern im DFB-Pokal, ihren plötzlichen Kampf gegen den Abstieg sogar. Dieser Krise war auch Trainer Udo Lattek zum Opfer gefallen, nach viereinhalb Jahren mußte er gehen. Es gibt nicht wenige, die behaupten, Franz Beckenbauer sei maßgeblich an diesem Rausschmiß erster Klasse beteiligt gewesen, und ganz so falsch dürfte diese Annahme wohl auch nicht sein.

Der neue Trainer hieß Dettmar Cramer, Beckenbauers Trauzeuge also, und seinem Fleiß und taktischem Geschick ist es wohl zu verdanken, daß die national am Boden liegenden Bayern international doch noch obenauf bleiben konnten.

Im Pariser Prinzenparkstadion war am 28. Mai 1975 Leeds United der Gegner. Und Englands Meister gab die Gangart in diesem Finale schnell vor: Da wurde erst einmal mehr getreten und geschlagen als der Ball gespielt, und schon nach vier Minuten mußte Bayerns Schwede Björn Andersson nach einem bösen Foul von Torry Yorath mit einem Kreuzbandriß vom Platz getragen werden.

Doch die Bayern behielten die Nerven. Auch als die Engländer 80 Minuten lang permanent Druck auf Sepp Maiers Tor machten. Und sie hatten Glück. Beckenbauers elfmeterreifes Foul an Clarke wurde nicht geahndet, und Lorrimers Tor in der 68. Minute wegen Abseits nicht anerkannt. Ein Leeds-Tor zu diesem Zeitpunkt, und die Bayern wären nicht mehr aufgestanden. Statt dessen machten sie die Tore (Franz Roth, Gerd Müller), siegten mit 2:0 und nahmen den Pokal zum zweiten Mal mit nach Hause.

Wie wenig Vertrauen selbst der eigene Vorstand zu diesem Zeitpunkt in die Mannschaft gesetzt hatte, zeigt schon die Tatsache, daß nicht einmal eine Flasche Sekt zum Feiern bereitgestellt war. Dettmar Cramer, dieser Fußball-Verrückte, befaßte sich zu diesem Zeitpunkt schon wieder geistig mit dem nächsten Bundesligagegner.

Mit Udo Lattek hatten die Bayern gerade noch die zweite Runde dieses Wettbewerbs (in der ersten hatten sie Freilos) überstanden. Meister West gegen Meister Ost, München gegen Magdeburg, das war eine Traumpaarung.

Die Bayern waren pappsatt nach den vielen Erfolgen der letzten Monate, und so spielten sie auch. Magdeburg führte im Olympiastadion schnell mit 2:0, mit Hängen und Würgen behielt der Bundesliga-Meister mit 3:2 die Oberhand. Und vor dem Rückspiel schrieben sie wieder einmal ein Stück deutsch-deutscher Fußball-Geschichte, das noch lange diskutiert werden sollte.

Sie hatten ihren eigenen Koch mitgebracht, und aus dem Feinkostladen auch ihr eigenes Essen. Das war abgesprochen mit den Gastgebern, und ebenso die Benutzung der Hotelküche. Als plötzlich davon niemand mehr etwas wissen wollte, zogen die Bayern-Spieler, welch ein Bild, zum Abendessen in den Mannschaftsbus. Der Skandal war da und die Stimmung vor dem Spiel entsprechend. Gerd Müller beendete es mit blutig getretenen Schienbeinen, aber die Bayern siegten mit 2:1.

Die folgende Fernostreise der Bayern während der Winterpause fand bereits ohne Udo Lattek statt, mit Dettmar Cramer wurde gegen Ararat Eriwan (2:0, 0:1) nicht weniger mühsam als zuvor das Europacup-Halbfinale erreicht. St. Etienne sollte der Gegner sein, den Bayern noch in schlechter Erinnerung. Von den Franzosen waren sie doch 1969 gleich in der ersten Runde aus dem Cup geworfen worden. Doch diesmal erreichten die Münchner in St. Etienne ein 0:0, und beim 2:0 im Rückspiel erzielte Franz Beckenbauer auf dem Weg zum Pariser Finale gegen Leeds United ein blitzsauberes Tor.

Auf ihre Revanche sollten die Franzosen nicht allzulange warten müssen. Schon ein Jahr später standen sich Bayern München und St. Etienne im Europacup das nächste Mal gegenüber, diesmal sogar im Finale.

Nicht als Landesmeister, sondern als Pokalverteidiger war der FC Bayern diesmal dabei. Spielerisch wieder erstarkt, hatten sie auf dem

Weg ins Endspiel sogar die beiden ehemaligen Europacup-Größen Benfica Lissabon und Real Madrid ausgeschaltet.

Lobeshymnen der Weltpresse konnten sie im Finale im Hampden Park von Glasgow zwar auch nicht gerade ernten, dafür aber den dritten Europacup-Sieg bei den Landesmeistern in Folge, was vorher nur Real Madrid (1956–1960) und Ajax Amsterdam (1971–1973) gelungen war. Die englischen Zeitungen schrieben vom »schmucklosen, eiskalten Stil« der Bayern, bedachten sie mit teils verletzender Kritik, aber diesmal waren eben Taktik und Cleverness die Sieger: Das einzige Tor zum 1:0-Triumph über St. Etienne erzielte Franz Roth.

Franz Beckenbauer hatte seinen Traum zum dritten Mal erfüllt. Weltmeister war er schon zwei Jahre vorher geworden.

Lagerkoller in Malente

Es hätte eigentlich der schönste, der größte Tag seiner Karriere sein können. Dieser 7. Juli 1974 sah Franz Beckenbauer immerhin ganz oben auf der Karriereleiter, höchste Stufe Weltmeister. Walter Scheel, der Bundespräsident, hatte den goldenen Pokal überreicht, 80000 im Münchner Olympiastadion jubelten, 800 Millionen Fernseh-Zuschauer weltweit waren Zeuge dieses 2:1-Finalsieges gegen die Holländer gewesen.

Und trotzdem, das mag überraschen, zählt Franz Beckenbauer diese Weltmeisterschaft 1974 zu den eher unerfreulichen Kapiteln seiner Karriere. Zuviel persönliche Enttäuschungen waren diesem Erfolg vorausgegangen und zu viele sollten ihm unmittelbar folgen.

Der Elfmeter von Paul Breitner, das Siegtor von Gerd Müller in München, all das steht nicht im Vordergrund beim Gedanken an diese Weltmeisterschaft. Die Stichworte sind »Malente«, »Prämienstreit«, »Bankett«.

Franz hatte sich in den DFB-Anzug geworfen. Es gab damals noch weit mehr Funktionäre beim DFB, die penibelst auf Ordnung, auch auf Kleiderordnung schauten. Ein paar Davidoffs hatte Franz in der Tasche und allerbeste Laune. Im Münchner Hilton war laut Protokoll das Siegesbankett angesagt, und nach sieben Wochen Einkasernierung in

Sportschulen freute sich Beckenbauer auf ein ausgelassenes Feiern mit seiner Frau. Wie all die anderen auch, deren Freundinnen oder Ehefrauen zum Finale nach München gekommen waren. Sie hatten sich noch gewundert, daß der DFB die Damen in einer sogenannten Absteige hatte unterbringen wollen, aber das Problem war eben noch gelöst worden. Jetzt jedenfalls waren sie da.

Susi Hoeneß, die Frau von Uli, saß schon am Tisch, als sie aufgefordert wurde, den Saal zu verlassen. Der DFB-Funktionär Hans Deckert hatte das angeordnet, und stur bestand er darauf, die Spielerfrauen auszusperren. Zitat: »Hier herrscht noch Zucht und Ordnung.« Daß die Offiziellen-Gattinnen ihren festen Platz hatten, fand er auch noch ganz richtig so. »Der klassische Typ des Funktionärs alter Schule«, sagt Beckenbauer später.

Sein Verhältnis zu den ehrenamtlichen Wichtigtuern des weltgrößten Sportfachverbandes ist von jeher ein gespaltenes gewesen, und selbst heute als Teamchef noch bricht diese Abneigung hin und wieder durch bei ihm. Sein Urteil gleich nach der Weltmeisterschaft 1974 war jedenfalls eindeutig: »Es sind viele Leute dabei, die von Tuten und Blasen keine Ahnung haben. Es sind unzählige Fehler gemacht worden. Beim DFB sind zu viele Amateure am Werk. Die Leute sind einfach nicht mehr zeitgerecht. Die können sich ein Verhältnis zwischen Profis und Amateuren, also eine Zusammenarbeit mit uns, überhaupt nicht mehr vorstellen.«

Der Skandal war also da und die Freude an dieser Weltmeisterschaftsfeier den eigentlichen Hauptpersonen gründlich verdorben. Die Mannschaft lief früh auseinander. Die einen tranken sich einen an, Paul Breitner und Gerd Müller gaben künstlich angeheitert und mit dicken Zigarren im Mund ihre Fernseh-Interviews. Andere zogen mit ihren Frauen in Münchner Bars und Diskotheken. Franz Beckenbauer traf im »Why Not« Günter Netzer, einen seiner besten Freunde und trank mit ihm bis morgens um fünf. Gerd Müller erklärte noch in der gleichen Nacht enttäuscht seinen Rücktritt aus der Nationalmannschaft. Andere wie Wolfgang Overath folgten ihm wenig später. Selbst Helmut Schön trug sich kurz darauf mit Rücktrittsgedanken.

Erst Franz Beckenbauers Ankündigung, die Nationalelf dann auch aufzugeben, stimmte den Bundestrainer noch einmal um.

»Alles klar: Du, Franz, spielst bei der Weltmeisterschaft, du, Franz, erfüllst alle Werbeaufträge, und du, Franz, spielst hier bei Cosmos!« Traxler

Der Kreis hatte sich in dieser Nacht nur geschlossen. Denn angefangen hatte der Krach mit den selbstherrlichen Funktionären des DFB schon lange bevor bei dieser Weltmeisterschaft überhaupt der erste Ball getreten worden war.

Alles begann in Malente. Die Zäune waren hoch, die Gitterstäbe eisern, vor dem Tor patrouillierten Polizisten mit Maschinenpistolen und scharfen Wachhunden. Der Terroristen wegen, wurde den Spielern gesagt. Aber so, wie die einen nicht reindurften, durften die anderen nicht raus. Und das über Wochen. Was Wunder, daß sie die holsteinische Sportschule bald als Gefängnis empfanden, ausbruchssicher und ohne Komfort. Die Zimmer spartanisch eingerichtet, immer mit zwei Mann belegt. Es gab eine Hausordnung, und Bettruhe war um halb elf. Zweiundzwanzig erwachsene Männer mußten sich zwischen Diek- und Kellersee im kühlen Norden vorkommen wie Schulbuben im Landschulheim. Entsprechend waren auch ihre Freizeitmöglichkeiten geregelt: Tip-Kick-Spiele, zwei Tischtennisplatten, zwei Flipperautomaten. Das war alles. Schon bald waren sie Weltmeister im Tip-Kick.

Und sie mußten leben wie die Mönche. Absolutes Sexverbot natürlich. Und das sieben Wochen lang. Die Holländer zum Beispiel, das erfuhren die deutschen Spieler aus den Zeitungen, empfingen in ihren Nobelhotels offen ihre Frauen und Freundinnen auf den Zimmern. Und ihnen, den Deutschen, war nicht einmal eine Bötchentour auf dem See erlaubt.

»Wer glaubt, daß man 22 erwachsene Männer sechs Wochen lang einsperren kann, ohne daß es zu Reibereien kommt, der ist ein Idiot«, schimpfte Günter Netzer.

Aber nicht jeder hat sich eben solange einsperren lassen. Weil der eine oder andere Polizist weit menschlicher reagierte als mancher DFB-Funktionär, ist so zum Beispiel Sepp Maier ein »Ausbruch« gelungen, der erst später bekannt werden sollte. Bei einem Beamten hatte er sich einen Polizeiwagen geliehen, um mit Uli Hoeneß auf dem Beifahrersitz dem Lagerkoller zu entfliehen. Nicht einmal die kaputten Bremsen des Autos konnten die beiden von ihrer Tour abbringen, und nach dem Besuch ihrer Frauen in einem Hamburger Hotel waren sie pünktlich zum Wecken zurück.

In diesem Sport-Knast saßen also die Spieler, und es stauten sich die Aggressionen. Hermann Neuberger, damals wie später noch häufiger der WM-Organisator, war immer noch nicht zur Verhandlung über die Weltmeisterschafts-Prämien in Malente erschienen, und die Spieler wurden langsam unruhig. Schließlich schwirren neben dem Gedanken an Fußball vorwiegend Frauen und Moneten durch ihre Köpfe, und an beides nicht ranzukommen ist schon ganz schön frustrierend.

Eigentlich hätte die Prämienfrage ja längst vor dem Turnier geklärt werden müssen, aber da einige DFB-Funktionäre offenbar der Ansicht waren, den Kickern sollte die Ehre genügen, für Volk und Vaterland die Knochen hinzuhalten, schien man das Thema wohl stillschweigend vergessen zu wollen.

Also: Beckenbauer vor, fordern die Kollegen, zumal sie erfahren haben, daß den Italienern im Falle des Titelgewinns jeweils 120000 Mark versprochen sind, den Holländern immerhin noch 100000 Mark. Der DFB aber, das ist zu befürchten, will seine Profis mit »Kleckerbeträgen« abfertigen, wie vier Jahre zuvor, als es für den dritten Platz in Mexiko nur 10000 Mark für jeden gab.

Die Forderung steht also, und Beckenbauer, der Kapitän, soll sie vortragen: Weil die Weltmeisterschaft für den DFB ein ausgezeichnetes Geschäft zu werden verspricht, soll der DFB gemeinsam mit der Sportartikelfirma adidas pro Spieler 100000 Mark für den Titel ausgeben. Sechs streng blickende DFB-Offizielle im Sitzungssaal der Sportschule zucken merklich zusammen, als Beckenbauer das Wort »Hunderttausend« ausspricht, und Delegationsleiter Hans Deckert scheint sich als erster wieder gefangen zu haben.

30000 Mark, so Deckert, das sei das von Neuberger vorgegebene DFB-Angebot, und keinen Pfenning mehr. Von Erpressung ist jetzt plötzlich die Rede, und tatsächlich auch davon, daß der DFB pleite zu gehen drohe.

Die Kollegen warten, jeder eine Flasche Bier in der Hand, im Aufenthaltsraum auf Beckenbauer, und als der das DFB-Angebot weitergibt, ist lautes Gegröhle zu hören. Einstimmige Meinung: Die Forderung bleibt bestehen.

Wieder am DFB-Tisch, Deckert hat inzwischen mit der Verbandsspitze in Hamburg telefoniert, das nächste Angebot: 50000 Mark. Beckenbauers Kompromißversuch: 75000 Mark. Deckert: »50000, oder alle Spieler können die Koffer packen und nach Hause fahren.«

Theoretisch war das möglich. Der DFB hatte 44 Spieler für die WM gemeldet, im Notfall hätten die 22 von Malente also einfach ausgetauscht werden können.

Franz Beckenbauer zieht sich mit den erfahrensten Spielern auf sein Zimmer zurück. Die Stimmung ist gereizt, es riecht nach Revolte. Einige wollen tatsächlich abreisen, noch in dieser Nacht.

»Okay, wir reisen ab, nicht ein Spieler wird dableiben«, Franz Beckenbauer knallt das dem DFB gemeinsam mit der Aufforderung auf den Tisch, »dieses Kasperltheater« nun endlich zu beenden.

An der Tafel sitzt auch »der Lange«, Helmut Schön, mit einem furchtbar traurigen Gesicht. Das Pokerspiel um bare Münze war nicht sein Leben. Kameradschaft, Ehre, moralische Werte standen für ihn über den materiellen. Jetzt ist er fassungslos, enttäuscht von seinen Spielern, die er wie Räuber betrachtet: »Mir reicht's. Ich reise ab.«

Die Stimmung wird dadurch nicht besser. Deckert und Beckenbauer beginnen das Feilschen wie auf dem Pferdemarkt. Beckenbauer: »70000.« Deckert: »55000.« Beckenbauer: »65000.« Deckert: »60000.«

Bevor es um einzelne Markstücke geht, berät sich Beckenbauer wieder mit der Mannschaft. Es ist längst Mitternacht vorbei in der Sportschule Malente. Ein Teil der Spieler will hart bleiben, andere geben nach. Abstimmung 11:11, Unentschieden, auch das noch. Franz Beckenbauer redet mit Engelszungen, er will diesem unwürdigen Spiel endlich ein Ende machen. Es ist zwei Uhr früh, als auch die letzten nachgeben. 60000 also, in Gottes Namen.

Zwei Uhr früh und immer noch kein Ende. »Komm schnell, der Breitner haut ab«, ruft Gerd Müller. Tatsächlich, auf seinem Zimmer steht Breitner und packt die Koffer. Er tobt.

Helmut Schön hatte, wie das so seiner konservativen Gesinnung entsprach, hinter soviel Revolte in einer Nacht nur einen linken Aufwiegler vermuten können, und weil da eben jemand war, der so bewußt sein »rotes Image« pflegte, schimpfte er, wie er dachte, folgerichtig Paul Breitner einen »Maoisten« und »Revoluzzer«. Was der sich natürlich nicht gefallen lassen will. »Ich bin weg, mit dem Mann arbeite ich nicht mehr zusammen.« Beckenbauer redet, Uli Hoeneß, Günter Netzer und Gerd Müller an seiner Seite, auf Breitner ein, und es sollte nicht das einzige und letzte Mal sein, daß der seine Meinung wieder ändert. Erst am Morgen um halb sechs sinken alle in die Betten, die Weltmeisterschaft kann beginnen.

Sie beginnt mit einem Tor von Paul Breitner.

Rechte Seite: Machtvoll überspringt der Nationalspieler einen brasilianischen Gegner. ▶
Folgende Seiten: Europameisterschaft 1972. Stehend von links: Beckenbauer, Schön, Schwarzenbeck, Heynckes, Müller, Höttges, Netzer. Sitzend von links: Erwin Kremers, Wimmer, Breitner, Maier, Hoeneß.

Die WM '74

Der Haussegen hing schief, die Stimmung war mies und das erste Spiel gegen Chile nur ein scheußliches Spiegelbild dieser Situation. Die Deutschen spielten nervös und lustlos, und es war ein Glück, daß Paul Breitner den Ball schon sehr früh in die obere Torecke setzte. Mehr als dieses 1:0 sollte kaum passieren in der Hitze von Berlin, bei den Deutschen lief wenig zusammen, und Beckenbauer merkte schon bald: »Wir sind keine Mannschaft.«

Daran änderte sich auch im nächsten Spiel gegen Australien nicht viel, wenngleich das Ergebnis wenigstens optisch eine Besserung vermittelte. Wolfgang Overath, Bernd Cullmann und Gerd Müller schossen ein glattes 3:0 heraus, das die Hamburger Fans aber kaum begeistern konnte. Den Münchner Beckenbauer schimpften sie sogar »Bayern-Schwein«, und der reagierte denkbar enttäuscht darüber mit einer wegwerfenden Handbewegung in Richtung Publikum, das ihm deshalb natürlich gleich wieder Arroganz unterstellte.

Aber es sollte noch schlimmer kommen für Beckenbauer und die Hamburger. Am 22. Juni 1974 war im Volksparkstadion die DDR der Gegner. Zum ersten Mal überhaupt. Und jeder kann sich vorstellen, daß das Duell Staatsamateure gegen Bundesliga-Profis nicht mit anderen Länderspielen zu vergleichen ist. Diesmal gingen die 60000 Zuschauer fast wortlos nach Hause. Durch ein Tor von Jürgen Sparwasser hatte die DDR mit 1:0 gewonnen, die WM '74 hatte ihre große Sensation. Daß dieses Spiel für den Sieger verheerende, für den Verlierer aber heilsame Folgen haben sollte, ahnte zu diesem Zeitpunkt noch niemand. Die Niederlage kam erst einmal einer nationalen Katastrophe gleich.

Keiner sagte ein Wort. Nicht auf der Busfahrt, endlose einhundert Kilometer lang, nicht in der Sportschule Malente. Friedhofsstimmung überall. Helmut Schön schloß sich in seinem Zimmer ein, ihn hatte die Niederlage besonders getroffen. Das Spiel gegen die DDR war gerade für ihn eine Prestigefrage gewesen. Er hatte kurze Zeit die DDR-

◀ **Linke Seite: Triumph im Münchener Olympiastadion. Deutschland ist Fußballweltmeister 1974.**

Auswahl trainiert, er hatte beim Dresdner SC aktiv Fußball gespielt. In der DDR hatte man ihn zuletzt gedemütigt. Und jetzt schon wieder: »Ich lasse mir das nicht mehr bieten«, schimpfte Schön enttäuscht über die eigene Mannschaft, als er des Nachts noch an Beckenbauers Türe klopfte. Derart am Boden zerstört, war er zu öffentlicher Kritik nicht mehr in der Lage.

Also nahm Franz Beckenbauer die Dinge in die Hand. Und viele sind bis heute der Meinung, daß es mit dieser WM überhaupt nichts mehr geworden wäre für die Deutschen, wäre nicht der Kapitän endlich einmal über seinen Schatten gesprungen. Die unangenehmen Dinge des Lebens hat er schon immer gerne vor sich hergeschoben, das tut er auch heute noch. Doch nach der Niederlage gegen die DDR hat er die Notwendigkeit erkannt, jetzt und unmißverständlich auf den Tisch zu schlagen. Also hat er sich am nächsten Tag vor die Fernsehkameras gestellt, und die Kollegen von Uli Hoeneß bis Günter Netzer erst einmal ordentlich in die Pfanne gehauen.

»Einige Spieler reagieren eben nur auf den Druck der Öffentlichkeit. Das hat mir den Mut gegeben, sehr deutlich zu werden.« Das Fußballvolk erlebte erstmals einen ganz anderen Kaiser: Hart, aggressiv, kritisch, gar nicht mehr vorsichtig, mit dem bewußten Risiko, anzuecken und dabei vielleicht auch auf die Nase zu fallen.

Nur die Holzhammermethode konnte noch wirken, und so war es denn auch. Das Donnerwetter hatte auch den Letzten aufgeweckt, dazu hatte der Wechsel von Malente nach Kaisersau endlich für den nötigen Klimawechsel gesorgt. Und so erlebte Düsseldorf im Spiel gegen Jugoslawien erstmals eine deutsche Mannschaft, die tatsächlich einen ernsthaften Anspruch auf den WM-Titel erheben durfte. Die Jugoslawen spielten stark, die Deutschen aber noch stärker, und ähnlich wie im Chile-Spiel setzte wieder Paul Breitner den Ball frühzeitig ins Tor.

Mit einem Mal schien die Atmosphäre gereinigt, die Verkrampfung war dem Selbstvertrauen gewichen, die Deutschen kämpften und spielten, daß es eine Freude war. Auch Uli Hoeneß, in der ersten Halbzeit noch auf die Reservebank verbannt, konnte nach der Pause wieder hervorragend fußballspielen. Nach einem 40-Meter-Sprint schob er den Ball zum Münchner Arbeitskollegen Gerd Müller, und dessen Reflex im rechten Fuß bescherte das 2:0.

Der nächste Gegner hieß Schweden, wieder in Düsseldorf. Das Rheinstadion sollte sich als glänzendes Pflaster erweisen für die deutsche Elf. »Wir waren gewarnt«, so Franz Beckenbauer, »die Schweden hatten gegen Holland 0:0 gespielt und dabei um ein Haar sogar gewonnen.« Die Warnung war nötig, denn Edström schoß das 0:1, und so stand es auch noch zur Halbzeit.

»Die Schweden«, sagt Beckenbauer später, »sind unser stärkster Gegner bei dieser Weltmeisterschaft gewesen, nicht die Holländer.«

Ronnie Hellström im Tor hielt wie ein Weltmeister, und auf deutscher Seite vermochten sich nur die Verantwortlichen des 1. FC Kaiserslautern so richtig darüber zu freuen: Sie hatten den schwedischen Torhüter schon vor der WM verpflichtet. Doch in der 50. Minute war schließlich auch Hellström machtlos, als Wolfgang Overath den Ball aus 12 Metern neben den Pfosten setzte – mit dem rechten Fuß, was bei dem Kölner nur alle Jubeljahre einmal vorkam.

Eine Minute später das 2:1 durch Uli Hoeneß. Postwendend der Ausgleich durch die Schweden, 2:2. Doch dann setzten Jürgen Grabowski und Uli Hoeneß den Schlußpunkt (4:2) hinter eine Begegnung, die sogar Titel-Träume rechtfertigte. München war erreicht, mindestens das Spiel um Platz drei.

Und dann das Polen-Match. In Frankfurt regnete es wie aus Kübeln. Mit Saugrollen versuchten die Helfer, aus dieser Riesenpfütze im Waldstadion wieder einen Fußballplatz zu machen. »In der Bundesliga wäre dieses Spiel nie angepfiffen worden«, sagt Franz Beckenbauer. In der Weltmeisterschaft schon. Wenngleich dieses Spiel zur wahren Schlammschlacht geriet. Die Spieler rutschten und stürzten, der Ball blieb liegen, wo er wollte. Eine reguläre Partie war kaum möglich. Und immer wieder stand das deutsche Tor unter Beschuß. Aber Sepp Maier hatte seinen allerbesten Tag erwischt.

Sieben Minuten in der zweiten Halbzeit waren gespielt, da legte Polens Libero Gorgon Bernd Hölzenbein im Strafraum: Elfmeter. Die Entscheidung? Der Schuß von Uli Hoeneß war so lasch, daß der polnische Torwart Tomaszewski wenig Mühe hatte, den Ball abzuwehren. Die Polen stürmten weiter, aber das Tor schossen schließlich doch die Deutschen. Sie hatten ja noch ihren Gerd Müller. Den hatten die Gegner bislang zwar in ihrer Angst vor dem besten Torjäger der Welt mit allen

Mitteln zugedeckt, aber wenn wirklich Not am Mann war, dann ist der kleine Münchner noch immer zur Stelle gewesen. Ein Fehlpaß der Polen, Müller war da, drückte den Ball ins Eck. Das 1:0. Noch vier Tage bis zum Endspiel.

Franz Beckenbauer hatte die Sportschulen satt. Erst Malente, dann Kaisersau, dann Grünwald. Die Kollegen sollten auch einmal wieder lachen und durchatmen können, und deshalb hat er sie noch vor dem Finale auf einen fröhlichen Nachmittag zu sich nach Hause eingeladen. Feinkost-Käfer, der in München nur die feinsten Schleckermäuler stopft, lieferte das Menü in sieben Gängen. Und Bier gab es bis zum Abwinken, was denn auch seine Zeit dauerte. Der Nachmittag war erst am Abend um zehn zu Ende. Lustig ging's zu, ausgelassen und locker. Wo bis dahin noch eine Verkrampfung gesessen haben mag, jetzt war sie gelöst. Beckenbauer: »Das Wichtigste ist doch, daß wir bei all dem Schuften auch mal wieder fröhlich waren.«

Der Gipfel ist erreicht

Weltmeister werden selten in einer Nacht geboren und selten sterben sie in einer Nacht. Bei der deutschen Mannschaft ist das anders gewesen. In einer Nacht, der Nacht nach dem 0:1 gegen die DDR ist sie aufgestanden, hat für sie diese Weltmeisterschaft im Grunde erst begonnen. In einer Nacht, der Nacht nach dem Titelgewinn in München, ist sie zerbrochen in ihre Einzelteile, kaum daß sie geboren war. Das Glück war nur von kurzer Dauer, weil es nicht gewachsen, sondern erst im letzten Moment zusammengezimmert worden war. Ein Glück auf Zeit, das alles im rechten Augenblick beschert hat. Als es um alles ging, hat funktioniert, was vorher nur Stückwerk gewesen war. Als die Räder laufen mußten, haben sie ineinandergegriffen. Da paßte mit einem Mal alles zusammen: Hölzenbein fiel durch den Strafraum, als er zu fallen hatte, Breitner brachte den Elfmeter ins Tor, und wenn Müller 1974 auch nicht halb so erfolgreich gewesen ist wie vier Jahre zuvor, so war er trotzdem da, als es galt, das Siegtor, das letzte Tor dieser WM zu schießen.

Das Endspiel begann mit einem Schock. Genau 57 Sekunden waren gespielt, da kam die deutsche Mannschaft das erste Mal in diesem Finale mit dem Ball in Berührung. Sepp Maier war der erste, doch zu diesem Zeitpunkt stand es bereits 0:1. Der Sekundenzeiger der Uhr hatte seinen ersten Kreis noch nicht vollendet, da holte der deutsche Torwart den Ball aus dem eigenen Netz. Wer zu Hause am Fernseher vielleicht noch gerade sein Bierglas füllte, die Kekse verteilte, die Brille putzte, der hatte es gar nicht mitbekommen. Der zweite Anstoß also in Minute zwei schon, die Deutschen lagen hinten.

Johan Cruyff, Hollands Superstar, hatte die Richtung vorgegeben. Cruyff oder Beckenbauer, wer ist der beste Spieler der Welt? Das war wie so oft schon die Frage gewesen. Zumindest einen schnellen Vorsprung konnte der Holländer nun für sich verbuchen. In einem eleganten Sturmlauf hatte er die deutschen Gegenspieler wie bewegungslose Klötze stehengelassen, sein Bewacher Berti Vogts bekam gerade noch Cruyffs flinke Fersen zu sehen, in die Uli Hoeneß schließlich mit einer rüden Attacke fuhr. Bedauernswerterweise innerhalb des deutschen Strafraums, so sah es jedenfalls der englische Schiedsrichter Taylor und entschied auf Strafstoß. Der Wucht des ausführenden Holländers Johan Neeskens war auch Sepp Maier nicht gewachsen – 0:1 also.

»Für mich war das kein Elfmeter«, erzählt Franz Beckenbauer später. »Das Foul lag vor der Strafraumgrenze. Aber der Cruyff machte das so geschickt, daß er noch ein paar Meter lief und sich dann fallenließ.«

»Wenn es glingt, Cruyff weitgehend auszuschalten, kommt Sand ins Getriebe der holländischen Mannschaft«, das hatte schon vor dem Finale Alt-Bundestrainer Sepp Herberger ganz richtig erkannt. Und so haben sie dem großen Cruyff den kleinen Berti Vogts auf die Füße gestellt. Wer das jemals mitgemacht hat, der weiß wie unangenehm solch verstärkte Aufmerksamkeit des quirligen Mönchengladbachers (Branchenname: »Rasenmäher«) sein kann. Und doch hat es vor diesem Endspiel Zweifel gegeben, ob dessen Fleiß und Härte gegen das Genie und die spielerische Klasse Cruyffs etwas würden ausrichten können.

Dieser böse Schock in der ersten Minute war nun eigentlich dazu angetan, den kleinen Vogts völlig demoralisiert im Schmollwinkel verschwinden zu lassen. Doch Berti wäre nicht Berti, hätte er nicht auch an dieser Aufgabe noch wachsen können. Mit zunehmender Spieldauer bekam er Cruyff immer besser in den Griff, der Holländer verschwand weitgehend in der Versenkung und tauchte erst gegen Ende des Spiels wieder auf, als bei der gesamten deutschen Mannschaft der Schwung raus schien. Wo er auch auftauchte, Vogts war schon da, und Cruyff schmeckte das gar nicht, daß erstmals seine Rechte auf dem Spielfeld derart angetastet wurden. So ist es letztlich Vogts zu verdanken, daß sich Cruyff am Ende nicht für diesen Geniestreich in der ersten Minute feiern lassen konnte.

In gleichem Maße, wie Cruyff in der Bedeutungslosigkeit versank, wurde auf der anderen Seite Franz Beckenbauer zur dominierenden Größe. Jetzt war das sein Spiel, und die Tricks des großen Meisters degradierten Cruyff zum Zauberlehrling. Was sich bald auch in Zahlen, in Toren ausdrücken sollte. Bernd Hölzenbein war im Strafraum über die Beine des Holländers Jansen gestolpert und stilistisch einwandfrei im Hohlkreuz durch den Strafraum gesegelt. Hölzenbein und die Elfmeter, das ist die ganze Karriere des Frankfurters lang ein ganz besonderes, viel diskutiertes Kapitel gewesen, und so sei auch die Berechtigung dieses Strafstoßes dahingestellt. Paul Breitner jedenfalls schnappte sich den Ball und verwandelte eiskalt zum 1:1.

Die Holländer schienen die Gefahr noch immer nicht zu spüren, oder bemerkten sie ihren eigenen Leichtsinn nicht? Franz Beckenbauer bekam seine Abwehr immer besser in den Griff und immer häufiger leistete er sich Ausflüge in die gegnerische Hälfte. Zwischen Abwehr und Angriff brillierte der Kölner Wolfgang Overath durch glänzende Pässe, und der Frankfurter Jürgen Grabowski lieferte auf der rechten Seite sein wohl bestes Spiel dieser Weltmeisterschaft.

Und dann natürlich Gerd Müller: Wer sonst könnte solch krumme Tore schießen wie der Münchner Mittelstürmer? 365 davon hat er in der Bundesliga gemacht, 68 in 62 Länderspielen, und das wichtigste vielleicht an diesem 7. Juli in München. Aus der Drehung, gänzlich ohne Anlauf, das kann wirklich nur er, hat er den Ball in der 43. Minute an Jongbloed vorbeigeschoben, und Hollands Torwart hatte nicht einmal den Versuch einer Reaktion dafür übrig. Das 2:1.

Franz Beckenbauer und Gerd Müller, das ist mehr gewesen als nur eine Partnerschaft zweier Vereinskollegen. Jeder für sich ein Spieler von Weltklasse, waren sie zusammen die Allianz des Erfolges. Der eine fand in dem anderen seine Ergänzung, auf dem Spielfeld und auch außerhalb. Unzählige Male haben sie in den Trainingslagern des FC Bayern oder der

Das Zugpferd Gabor Benedek

Nationalmannschaft das Doppelbett geteilt, Franz die rechte, Gerd die linke Hälfte. Und beinahe den ganzen Weg ihrer glanzvollen Karriere sind sie gemeinsam gegangen. Ob in München, wo sie beide am Ende einen unwürdigen Abschied erhielten, ob in der Nationalelf oder sogar in Amerika, wohin Müller seinem Freund später auch noch folgen sollte.

Jetzt also dieses 2 : 1, doch das Spiel war noch lange nicht gelaufen. Auf dem Weg in die Halbzeitpause hat Cruyff noch den Schiedsrichter beleidigt und dafür die Gelbe Karte gesehen. Aus den Kabinen des Olympiastadions zurück, schien sich dieses Temperament noch nicht wieder beruhigt zu haben, bei Cruyff und auch bei seinen Kollegen nicht. Die Holländer spielten nun taktisch überlegen, lösten den Libero auf und erhielten so ein Übergewicht im Mittelfeld. Der Gegner wurde immer stärker, geradezu übermächtig, doch Sepp Maier hielt im Tor wie ein Weltmeister. Wieder flog Hölzenbein durch den Strafraum, diesmal wirklich gefoult, doch Schiedsrichter Taylors Pfeife blieb stumm. Wer einmal lügt, dem glaubt man nicht.

»Das war ein tausendprozentiger Elfmeter«, sagt Beckenbauer. Die Holländer spielten, die Deutschen kämpften, sie wankten, aber sie fielen nicht. Bis zur 80. Spielminute hielt der Druck an, erst dann schien die Luft raus. Beckenbauer: »Sie liefen sich tot. Da stand es bei mir fest: Wir werden Weltmeister.«

Sie wurden es. Müdigkeit, das ist alles, woran er sich später auf die Frage nach seinen Gefühlen beim Schlußpfiff erinnert. Der Bundespräsident auf der Ehrentribüne, der goldene Pokal, das Schulterklopfen der Leute, die Ehrenrunde durchs Stadion – dieses Programm hat der Kapitän der Nationalmannschaft eher in einem tranceähnlichen Zustand abgespult. Die Stimmung, das Bewußtsein, jetzt endlich Weltmeister zu sein, die Emotion kam erst später in der Kabine auf, als im Entmüdungsbecken der Champagner floß. Das war noch ein Moment des großen Glücks für Franz Beckenbauer, das sich wenig später angesichts der Selbstherrlichkeit einiger DFB-Funktionäre in schiere Wut umwandeln sollte.

Das Bankett im Münchner Hilton-Hotel ist das klägliche Abbild verkrusteter Denkweisen in diesem Verband gewesen, dessen Offizielle mit stolz geschwellter Brust vorwiegend Arroganz verkörperten: Wir, die Funktionäre, sind die wahren Weltmeister. Ihr, die Spieler, habt uns eben mal dazu machen dürfen.

Dabei hat sich gerade bei dieser WM 1974 ein Mann an die Spitze aller, wirklich aller gesetzt, den sie anstatt auf Händen zu tragen, am Ende sogar mit Schimpf und Schande davongejagt haben. Ohne Franz Bekkenbauer wären sie nichts gewesen, gar nichts. Der Kapitän ist in diesem Turnier an die Seite Helmut Schöns aufgerückt, ist mehr gewesen als seine rechte Hand. Er hat in diesen Wochen Hierarchien durcheinandergeworfen, veraltete Rituale abgeschafft, neue Sitten eingeführt. Mit einem Wort, er hat die Dinge in die Hand genommen. Auf dem Platz, unter Kollegen, in der Zusammenarbeit mit dem Trainer. Beckenbauer hat dem Amt des Mannschafts-Kapitäns völlig neue Inhalte gegeben. Er hat dem DFB im Prämienstreit von Malente Härte und auch Macht demonstriert. Er hat seinen Freund Günter Netzer zusammengestaucht, als er es für geboten hielt und niemand sonst dazu in der Lage schien. Er hat taktische Kehrtwendungen empfohlen, zwei anstatt vier Stürmer, und alle haben sich daran gehalten. Als er nach der Niederlage gegen die

DDR das Heft in die Hand nahm, ist die deutsche Elf zu einer Einheit gewachsen, die wenigstens bis zum Schlußpfiff des Münchner Endspiels hielt. Er hat diese Mannschaft dirigiert, und ohne Beckenbauer hätte sie ihr Ziel, diese Weltmeisterschaft, wohl kaum erreicht.

Und er ist sich seiner Verdienste wohl bewußt, immer auf dem Teppich geblieben dabei. Die fälligen Komplimente, nach den eigentlichen Gründen für diesen Titelgewinn gefragt, verteilt er lieber in andere Richtung: »Helmut Schön hat uns gut gemanagt.« Jeder weiß, wie das gemeint ist. Damals wie heute, die unveränderte Bescheidenheit verbietet ihm die einzig richtige Antwort, auch wenn er nach dem Grund für die schnelle Wiederkehr der deutschen Nationalmannschaft 1985/86 zur Weltspitze gefragt wird: Der Grund bin ich. Das wäre keine Lüge, doch Franz Beckenbauer hält es da lieber mit unschuldigem Schulterzucken. »Ja mei, i weiß auch net.«

In Amerika

Der Abschied ist ihm gar nicht mal so schwergefallen. Sie haben es ihm sogar regelrecht leicht gemacht. Der eigene Vereinsvorstand, die eigenen Kollegen, die Journalisten. Eigentlich alle. Neid, Mißgunst, Hetzkampagnen, was sollte ihn da noch in Deutschland halten? Selbst den sportlichen Reiz gab es nicht mehr. Der FC Bayern war auch nicht mehr das, was er mal war. Die Münchner hatten sich schlichtweg zu Tode gesiegt. Mit jedem Titel, jedem Europacup ein Stück mehr an Spaß, an Motivation für den Fußball-Alltag verloren. Und Franz Beckenbauer, das Idol, erfuhr mehr und mehr unsachliche, unfaire Behandlung durch die deutsche Öffentlichkeit. Einen »Hurenbock« schimpften sie ihn sogar einmal, als er mit dem FC Bayern mit 1:6 beim 1. FC Saarbrücken unterging. Er hat so etwas nie begreifen können. Bis es ihm zu bunt wurde. Er ging – nach Amerika. »Meine deutsche Zukunft ist abgelaufen«, sprach er.

Ein eisiger Wind war ihm schon Ende 1975 um die Ohren geweht, als der Bertelsmann-Verlag sein Buch »Einer wie ich« auf den Markt warf. Da kümmerten sich mit einem Mal Psychologen, Professoren und Literaturkritiker um den Autor Franz Beckenbauer, und es versteht sich geradezu von selbst, daß sie kein gutes Haar an ihm ließen. Die Rezensenten gebärdeten sich, als hätten sie ein literarisches Kunstwerk von der Klasse eines Heinrich Böll erwartet. Walter Jens gab zum Beispiel im Feuilleton der »Frankfurter Allgemeinen« unter der Rubrik Literatur folgendes von sich: »Ein Episödchen-Konvolut, ein Anekdoten-Sammelsurium, das sich getrost zerstückeln läßt... Eine Mischung aus Zettelkasten und Kolportageroman. Klatsch in gefühlvoller Prosa... Beckenbauer, der Reiche und Reine, der Parzival im Kapitalismus. Die königliche Hoheit, die um wahre Werte weiß – um Wissenschaft, um Literatur, von Valentin bis Pasternak, vom Hamlet bis zum Wallenstein... So betrachtet ist ›Einer wie ich‹ das idealtypisch herauspräparierte Portrait eines Konformisten.« Und schließlich: »Wie hätte – konfrontiert mit so viel cleverer Bravheit, so viel Kitsch und Denunziation – der große Brecht gesagt? – ›Nachbar, euren Spei-Kübel!‹«. Der »Spiegel« folgerte am Ende seiner Zwei-Seiten-Rezension: »Franz Beckenbauer wird schmerzlich auf dem Fußballplatz zurückerwartet.«

Viel Feind', viel Ehr'. Doch Franz Beckenbauer blieb wieder einmal, wie auch in späteren Jahren als Teamchef noch so häufig, die Erkenntnis, daß seinem Wort, diesmal dem geschriebenen, weit mehr Bedeutung beigemessen wird, als ihm eigentlich lieb ist. »Ich muß mich wundern und frage mich, weshalb sich einige so sehr aufregen? Ich wollte doch keinen Literaturpreis gewinnen.« Die Gefahr bestand nun wirklich nicht. Das Buch hielt sich trotz alledem glänzend in den Bestsellerlisten, und so vehement sich die von Beckenbauer so barsch attackierten Paul Breitner (»Ein einziges Pamphlet«), Uli Hoeneß (»Verrat«) und Udo Lattek (»Einfach lächerlich«) auch gegen alle Angriffe wehrten, sie machten zwar Stimmung, aber auch Reklame.

Immer weniger hielt Beckenbauer jetzt noch in Deutschland. »Wenn mir Ende 1974 ein Klub aus Spanien oder Italien eine Million geboten hätte, ich wäre wahrscheinlich gegangen«, schrieb er. 1975 kam schließlich das erste Angebot vom FC Barcelona, im Jahr drauf eine Offerte der AS Monaco. In beiden Fällen verlockten neben hohen Gagen die günstigen Steuergesetze, in beiden Fällen aber gelang es hauptsächlich dem Deutschen Fußball-Bund und der Sportartikelfirma adidas, deren Repräsentant er heute noch ist, mit großer Mühe, ihn vom Verlassen des Landes abzuhalten.

Dann kam 1977 Amerika, kam Cosmos New York, und der DFB bot Beckenbauer als Lockvogel das Höchste, was er einem Profispieler zu bieten in der Lage ist: Franz sollte sobald als möglich Nachfolger von Helmut Schön werden. Franz Beckenbauer als Bundestrainer?

Der DFB ließ diese Neuigkeit sicher nicht ganz unabsichtlich in den Medien verbreiten, in der Hoffnung, daß schon die Erwartung und somit der Druck der Öffentlichkeit dem Kaiser die Landesflucht verbieten würden. Wie man sich doch irren kann: Denn Beckenbauers Reaktion war zuerst einmal Trotz. Ja-Sagen wollte er schließlich aus eigenem Antrieb, und so war es nicht zuletzt auch diese Eigenmächtigkeit von DFB-Präsident Hermann Neuberger, die ihm bei der Entscheidung pro Amerika weiterhalf.

Und dann schlug alles über ihm zusammen. Deutschlands mächtigste Boulevardzeitung zerrte immer mehr angebliche Liebesaffairen an die Öffentlichkeit, das Bild des braven Familienvaters wurde rigoros zerstückelt. Und dann wurde beim Finanzamt München I auch noch unter dem Aktenzeichen 142/75/16 ein Steuerstrafverfahren gegen ihn anhängig, das ihn am Ende rund eine Million Mark kostete. Beckenbauer, der von den Göttern verwöhnte Sonderfall, war mit einem Mal von allen Göttern verlassen. Gut fünf Zentimeter hoch verkündeten die Schlagzeilen, daß er sich nicht scheiden lassen wolle, obwohl er eine Freundin habe. »Die Leute sind nur noch hinter meinen Bettgeschichten her«, sprach er damals, »ich aber will nur noch ein schönes Leben führen und endlich mal frei sein.« Und diese Freiheit, das wurde ihm immer klarer, war ihm in Deutschland mittlerweile gänzlich abhanden gekommen. Die Öffentlichkeit betrachtete ihn längst als ihr Eigentum. Das Umfrage-Ergebnis von Allensbach, wonach zu diesem Zeitpunkt neunzig Prozent der Bundesbürger mit dem Namen Franz Beckenbauer etwas anzufangen wußten, unterstrich diese persönliche Vereinnahmung nur.

Dann kam der Tag, der das Faß zum Überlaufen brachte. Cosmos New York hatte er schon vier Wochen zuvor telegrafisch eine endgültige Absage erteilt: »Ich habe mich entschlossen, in Deutschland zu bleiben.« Bis zur Weltmeisterschaft 1978, das stand für ihn fest, wollte Franz Beckenbauer heimattreu bleiben. Zwei Jahre schon waren die Amerikaner hinter ihm her gewesen, hatten ihn ein halbes Dutzend mal besucht, und auch jetzt ließen sie sich noch nicht abwimmeln. Die Angebote wurden immer besser, und Beckenbauer ließ sich wenigstens das Versprechen abringen, mal zu einer Besichtigung der Verhältnisse nach New York zu kommen.

An diesem Tag also schrieb die »Welt«: »Unglücklicherweise ist gerade zu diesem Zeitpunkt Beckenbauers Privatleben belastet. Der Münchner hat sich in eine Münchner Fotografin verliebt.« Dem ungeliebten Kaiser war klar, was jetzt folgen würde. »Bild« legte nach, und zwar nicht zu knapp, produzierte Bettgeschichten in Serie, und Beckenbauer ließ durch seinen Manager Robert Schwan den Flug nach New York buchen. Nichts wie raus aus Deutschland.

Ostern 1977. Regenwetter in Deutschland, Sonnenschein in New York. Ein perfekter Empfang. Der Himmel lachte, die Amerikaner waren freundlich, und Beckenbauer, gerade den deutschen Hinterhältigkeiten entronnen, traf auf eben das, was er zuletzt so vermißt hatte: auf Offenheit, Sympathie, Großzügigkeit. Clive Toye, der Präsident von Cosmos New York, war eigens aus Las Vegas herübergekommen, und Steve Ross, der Präsident des Warner-Konzerns, bot ihm gleich seine Freundschaft an: »Nenn mich Steve.« Die amerikanische Art von Herzlichkeit.

Und auch dies schien dem Kaiser nicht unsympathisch: Cosmos New York, eine Abteilung der mächtigen Warner Communications (Jahresumsatz 1977: rund 1,144 Milliarden Dollar), bot ihm sieben Millionen Mark Gage für drei Jahre. Und falls er bis dahin immer noch gezweifelt haben sollte, während eines Hubschrauberfluges zum PanAm-Gebäude in Manhattan war er restlos überzeugt: »Das ist meine Stadt.«

Aber noch war er dort nicht zu Hause. Vor dem Wechsel nach Amerika standen noch jede Menge Ärger und jede Menge Enttäuschungen. Wilhelm Neudecker war eine davon. Der eigenwillige Bayern-Präsident wollte mit dem Mann, der 19 Jahre seine Knochen hingehalten hatte für den Verein, der den FC Bayern zur internationalen Fußballgröße geführt hatte, noch einmal den großen Reibach machen.

Die Herren trafen sich Ende April 1977 im Münchner Hotel »Vier Jahreszeiten«, Zimmer 185. Und Neudecker langte gleich in die vollen. »Zwei Millionen«, warf er den Amerikanern als seine Ablöseforderung an den Kopf. Zwei Millionen für einen 31jährigen. Wenn das keine Dankbarkeit ist.

Cosmos-Präsident Clive Toye, ein Rechtsanwalt, ein Justitiar, Manager Robert Schwan, sein Anwalt und Franz Beckenbauer, sie alle mußten erst einmal schlucken. »Eine Million«, hielt Toye dagegen. Neudecker blieb hart: »Zwei Millionen«.

Wie man sich doch täuschen kann. Da hatte Franz Beckenbauer tatsächlich angenommen, Neudecker würde ihn nach beinahe zwei Jahrzehnten gänzlich ohne Ablöse ziehen lassen, zumal er dem FC Bayern in all den Jahren gewiß eine ganze Stange Geld eingebracht hatte. Und jetzt fordert dieser Mensch, den er für seinen Freund gehalten hatte, sage und schreibe zwei Millionen, und der ganze Transfer droht deshalb zu platzen.

Der Wirtschaftsbeirat des FC Bayern, behauptete Neudecker, habe sogar auf einer Forderung von 2,5 Millionen Mark bestanden. Und nun werde er schon dafür geradestehen, da sei er wirklich großzügig, eine halbe Million nachzulassen.

Clive Toye telefonierte mit New York und machte noch einmal ein Angebot: »1,4 Millionen.« Doch Neudecker blieb stur, stand auf und ging.

Das Feilschen ging in den nächsten Tagen weiter, ein im Grunde unwürdiges Schauspiel. Beckenbauer als Ware. Neudecker ging nach zwei Tagen doch noch um 250000 Mark herunter von seiner Forderung, doch jetzt ließen die Cosmos-Leute nicht mehr mit sich reden. An der Differenz von 350000 Mark drohte die ganze Sache zu scheitern, jetzt war Franz Beckenbauer an der Reihe.

Wenn er von »Enttäuschung« spricht, dann führt da wirklich nur seine Hölflichkeit das Wort. Er war entsetzt, empört, ja angewidert. Sicher, er hatte nicht schlecht verdient bei den Bayern, rund 400000 Mark am Ende waren viel, aber im Vergleich zu anderen, jüngeren, schlechteren, beileibe nicht zuviel. Woanders häte er weit mehr bekommen können. Und jetzt, im Grunde ist das unvorstellbar, mußte er seinem eigenen Verein auch noch die 350000 Mark aus eigener Tasche bezahlen, daß der ihn zum Ausklang seiner Karriere ziehen ließ.

Mit einem Mal, damals wußte das noch keiner so endgültig, war auch die Nationalmannschafts-Karriere des Franz Beckenbauer zu Ende. Nach 103 meist glanzvollen Länderspielen, die noch heute eine Rekordmarke für die Bundesrepublik Deutschland darstellen. Am 23. Februar

»Ich bin ein Hamburger« Stuttgarter Zeitung

1977 wurde sein letztes Länderspiel notiert, bezeichnend vielleicht, daß diese Karriere beim 0:1 gegen Frankreich in Paris mit einer Niederlage enden mußte. Das 5:0 gegen Nordirland am 27. April in Köln war das erste Spiel der deutschen Nationalelf seit 1970, das Franz Beckenbauer zu Hause am Fernseher erlebte. In Pantoffeln, bei einem Glas Bier, ein paar Süßigkeiten. Und er fühlte sich ganz wohl dabei. Er wußte ja noch nicht, daß er nie mehr wieder würde dabeisein können. Aber das ist eine andere Geschichte.

Der Kaiser nach Amerika. Eine nationale Katastrophe schien das nicht, die Mehrheit der Leute in Deutschland hatte Verständnis dafür. Bei solchen Summen. 49 Prozent der Bevölkerung, auch das ermittelte das Institut für Demoskopie Allensbach, meinten damals, er habe recht, nach Amerika zu gehen. Nur 30 Prozent waren dagegen. Lediglich die bayrische Bevölkerung schien etwas beleidigt, denn wenn 41 Prozent bundesweit gegen eine Fortsetzung von Beckenbauers Nationalmannschaftskarriere waren, so waren es in Bayern schon 51 Prozent.

Doch viele schütteten jetzt ihre ganze Häme aus. »Operetten-Liga« nannte DFB-Chef Hermann Neuberger verächtlich Beckenbauers neues Arbeitsfeld, die »Süddeutsche Zeitung« sah ihn »vom Idol zum Reklamekasperl« verkommen. Der »Spiegel« holte noch weiter aus: »Seit Heinrich IV. in Canossa sich seine bloßen Füße im Schnee wundstand, seit Ludwig II. im Starnberger See umnachtet baden ging und Wilhelm der Zwote im holländischen Exil Bäume zersägte, ist keine Majestät im Bewußtsein der Nation so tief gesunken wie ›Kaiser Franz‹.«

Alles wurde ihm vorgeworfen. Daß er sich des schnöden Mammons wegen in ein Land herablasse, in dem der Fußball nicht mal Fußball heißt, sondern Soccer. Daß da eine Ratte ein sinkendes Schiff verlasse. Daß er feige sei und geldgierig. Beckenbauer in Amerika, das sei wie die Callas im Duett mit Heino oder Nurejew in einem Reeperbahn-Tingeltangel. Als würde Picasso Preisschilder für ein Supermarkt-Schaufenster malen. Selbst die Londoner »Sunday Times« schaltete sich ein: »Er wird sich in den USA zu Tode langweilen.«

Bis in die tiefsten Seelengründe erforschten sie die Motivation für diesen Wechsel. Die Midlife-Crisis? Der Wunsch nach Anerkennung? Die Steuer? Die Liebe gar?

»Was kann ich in Deutschland noch erreichen? Ich habe hier alles geholt, was ein Fußballer erreichen kann. Ich bin 31 Jahre alt und merke, daß es mit mir nicht mehr aufwärts geht«, das sagte Beckenbauer dazu. Selbst Franz-Josef Strauß warnte seinen treuen Wähler Franz Beckenbauer, er könne in den USA nicht glücklich werden.

Mutter Antonie weinte am Flughafen. Auch Vater Franz hat er an diesem Tag das erste Mal weinen gesehen. Sepp Maier versuchte die beklemmende Abschiedsstimmung durch seine üblichen Scherze aufzulockern. Da waren Reporter, Fotografen, aber nicht allzu viele Freunde. Brigitte, die Ehefrau, flog mit über den großen Teich, ihre Schwester in Ingolstadt paßte derweil auf die drei Söhne auf. Gleich ein Cosmos-Trikot zu schicken, gaben sie ihrem Vater auf.

Fotografen auch noch auf dem Flughafen in New York, doch dann war der Zauber erst einmal vorbei. Das erste Mal erlebte Franz Beckenbauer gleich zu Beginn, was ihm auch in den folgenden Jahren als ausgesprochen angenehm erscheinen sollte: Anonymität. Er konnte durch die Straßen laufen, ohne daß sich die Leute nach ihm umdrehten. Im Restaurant wurde er nicht mehr angesprochen. Er mußte nicht mehr Autogramme geben an jeder Ecke, nicht mehr freundlich sein auf Kommando. Endlich durfte er er selbst sein. Ein Gefühl, das er aus den letzten 15 Jahren kaum kannte.

Das erste Training im Giants-Stadion von New York brachte gleich noch eine Begegnung der besonderen Art für Franz Beckenbauer. Die Begegnung mit dem ungewohnten Kunstrasen. Er war hellgrün und weich wie ein Teppich. Die Sonne hatte ihn zusätzlich aufgeheitzt, und die Oberfläche des Spielfeldes war leicht gewölbt, damit beim Regen das Wasser besser abläuft. Plastik-Rasen. Die Kunstfasern stoppten jede Bewegung abrupt, rutschen war nicht möglich. Franz stolperte erst einmal, und den Fuß beim Paß unter den Ball zu bekommen, das gelang ihm auch nicht so recht. Die Fußsohlen brannten schnell, die Firma adidas hatte eigens zu seiner Kunstrasen-Premiere einen Spezialschuh mit 114 Noppen konstruiert. Beckenbauer sollte diesen Bodenbelag in der Folgezeit noch hassen und fürchten lernen.

Nach dem ersten Training ging es ins Plaza-Hotel zur offiziellen Vertragsunterzeichnung. Fernsehen, Journalisten, ein großer Empfang und der Kaiser aus Deutschland sprach vielleicht gerade fünf Sätze Englisch. Nach München hätte er sich in diesem Moment am liebsten gewünscht. Pelé, der große Pelé, umarmte ihn, Chinaglia, der eigenwillige Italiener, begrüßte ihn überschwenglich. Jetzt gehörte er dazu.

Das Bedrohliche der hohen Wolkenkratzer, die Angst, alles könnte über ihm zusammenbrechen, hat ihn noch eine Weile begleitet. Eine Woche lang hat er den Weg zwischen dem St. Regis-Hotel in Manhattan und dem Giants-Stadion in New Jersey nicht verlassen. Erst später traut er sich mit Brigitte auch in die Bronx, wo New York am dunkelsten, am

Rechte Seite: Der Teamchef und sein Trainer Horst Köppel ▶ (oben). In seiner neuen Rolle als Verantwortlicher des DFB für die deutsche Fußballnationalmannschaft konnte Beckenbauer bislang die Medien wie auch die Spieler voll überzeugen. Schlagfertig stellt sich der Teamchef den Reportern (unten). Folgende Seiten: Trainingslager. Der Teamchef im Kreise der Nationalspieler.

adidas

Nikon

adidas
adidas

adidas

ärmsten, am gefährlichsten ist. Doch die finsteren Burschen, die sie bald umringten, haben Franz zu seiner großen Überraschung aus dem Fernsehen gekannt, und auch hier fragte ihn einer der Straßenjungs nach seiner Schulterverletzung während der Weltmeisterschaft 1970 in Mexiko. Die Bronx machte Beckenbauer nachdenklich, sie faszinierte ihn, und noch bevor er die Metropolitan Opera, das Empire State Building oder die Wall Street gesehen hatte, begann er diese Stadt zu lieben.

Den amerikanischen Fußball zu lieben wird ihm allerdings lange genug schwergemacht. Das erste Spiel in Tampa, und Beckenbauer ist verletzt, noch ehe er das erste Mal gegen den Ball getreten hat. Beim Lockerungstraining tags zuvor war es passiert, eine Leistenzerrung, nichts Schlimmes.

Aber es gibt keinen Arzt, keinen Masseur, und so ruft Beckenbauer noch in der Nacht seinen Münchner Freund Manfred Köhnlechner an. Er behandelt die Leiste per Ferndiagnose mit Eiswürfeln und einem Heizkissen.

Das Spiel findet um ein Uhr mittags statt, 45 Grad Hitze in Florida, 80 Prozent Luftfeuchtigkeit. 45000 Zuschauer im Stadion, Mickeymäuse schlagen Purzelbaum, Mädchen tanzen in kurzen Röcken. It's showtime. Die Spieler laufen durch ein Spalier hüpfender Mädchen, sie werden einzeln mit Namen aufgerufen. Pelé jubelt mit ausgestreckten Armen der Menge entgegen, »Kaiser Fränz«, wie sie sagen, steht da wie versteinert. Zwei Mädchen singen die amerikanische Nationalhymne, Soldaten präsentieren die Gewehre.

Der erste Angriff der Tampa Bay Rowdies wird von Orgelklängen begleitet, über Lautsprecher erklärt der Sprecher den Zuschauern noch einmal die wichtigsten Regeln. Bei Cosmos laufen alle wild durcheinander, und nach einer Stunde führt Tampa mit 4:0. Beckenbauer fühlt sich wie in einem Traum, und er wünscht sich nichts sehnlicher, als jetzt umzufallen und in seinem Bett in München-Grünwald wieder aufzuwa-

◀ Linke Seite: 1977 Cosmos US-Fußballmeister. Beckenbauer stellt sich mit der Trophäe den Fotografen (oben links).
Die großen Zwei von Cosmos New York, der Brasilianer Pelé und der deutsche Kaiser (oben rechts).
Die Ehrenspielführer der deutschen Nationalmannschaft Fritz Walter, Franz Beckenbauer und Uwe Seeler (unten).

chen. Aber der Alptraum dauert noch etwas länger. Am Ende steht es 4:2, und Beckenbauer hat sein erstes Tor in Amerika geschossen.

Natürlich, das war eine andere Welt. Cosmos, das war im Vergleich zu deutschen Mannschaften ein verrückter Haufen. Elf Individualisten aus elf Ländern, die im Bus Samba tanzten, die niemals Langeweile aufkommen ließen. Und zumindest was Tampa an diesem Tag gespielt hatte, war von Operetten-Fußball weit entfernt. Und auch bei Cosmos bestand Hoffnung.

Alles war anders. Die meiste Zeit, so kam es ihm vor, verbrachte Franz in Flugzeugen und auf Flughäfen. Sieben Stunden nach Vancouver, von dort nach Los Angeles, dann weiter sechs Stunden bis New York. Fußballer-Alltag in Amerika. Das neue Stadion in New Jersey besitzt Restaurationsbetriebe wie kein anderes in der Welt. Die High Society speist bei Kerzenlicht und Fußball, in ihre Logen werden die feinen Leute per Rolltreppe gebracht. Das gemeine Volk nutzt das Stadion zum Begegnungszentrum, zum Picknick, zum Treffen mit Freunden, der Fußball ist nur ein Programmpunkt von vielen.

Eine fremde Welt, und so war da zuerst einmal Heimweh. Dreimal die Woche hat Beckenbauer mit seinen Kindern telefoniert, mit seinem Bruder, mit seiner Mutter. Die Telefonrechnung stand schnell über 2000 Mark im Monat.

Er ist gleich amerikanischer Meister geworden mit Cosmos New York, er wurde gefeiert, geehrt und beschenkt wie ein Kaiser. Der Höhepunkt aber war der Beschluß des Senates von New Jersey, zum Dank einen »Franz-Beckenbauer-Tag« auszurufen. Das war mehr, als man ihm in Deutschland je hat zuteil werden lassen. 70000 Zuschauer erhoben sich von ihren Sitzen, spendeten »standing ovations«, als auf der elektronischen Anzeigentafel des Stadions der eine Satz erschien: »Franz – we love you.« Franz, wir lieben dich. Das war der 19. Mai 1978, sein schönster Tag in den Staaten, wie er den 70000 über Lautsprecher in fließendem Englisch versicherte. »Das ist ein perfekter Tag. Sie sind das beste Publikum, das ich kenne. Das ist der schönste Tag in meinem Leben.«

Das kommt an, und was ankommt, hatte Beckenbauer in den ersten Monaten schnell gelernt. So wußte er den Leuten wohl zu gefallen, als er das Auto, das ihm an diesem Tag als Preis für die Wahl zum »Wertvoll-

Des Kaisers Nimbus Gabor Benedek

sten Spieler der Saison 1977/78« geschenkt worden war, gleich einem wohltätigen Zweck zur Verfügung stellte. Die 14000-Mark-Geste zugunsten der »Olympiade der Körperbehinderten« fand Beifall und Sympathien im ganzen Land. Berndt von Staden, Deutschlands Botschafter in Washington, überreichte ihm eine Medaille mit der Inschrift: »Für Franz Beckenbauer, in Anerkennung seiner Verdienste um den Fußball in den Vereinigten Staaten und um die deutsch-amerikanische Freundschaft.«

Der »Franz-Beckenbauer-Tag« sah auch erstmals die öffentliche Präsentation seiner Freundin Diana Sandmann an seiner Seite. Die Ablösung von Ehefrau Brigitte bekam langsam offiziellen Charakter, wenngleich die puritanischen Amerikaner sich mit diesem Zustand nicht ganz anzufreunden vermochten.

Beinahe beliebig hat er seine Titelsammlung in Amerika erweitert, doch viel lieber noch hätte er 1978 mit der deutschen Nationalmannschaft in Argentinien die Weltmeisterschaft verteidigt. Zu gerne wäre Franz Beckenbauer dabeigewesen, doch wieder einmal ist ihm der sture Funktionärsapparat DFB im Wege gestanden.

»Wie steht's, möchtest du mit«, hatte Bundestrainer Helmut Schön ein paar Wochen vor der WM angefragt. Die Antwort war unmißverständlich: »Ja, ich will.«

Es galt nur noch, die Freigabe durch die Amerikaner zu klären. Beckenbauer zu Schön: »Am besten, es setzt sich jemand vom DFB ins Flugzeug und verhandelt persönlich mit Cosmos. Ich bin sicher, daß es dann klappt.« Von Frankfurt nach New York kann man in sechs Stunden fliegen, aber niemand kam. Der DFB hat sich gerade noch zu einem Brief an den amerikanischen Fußballverband durchringen können, mit der halbherzigen Bitte, doch einmal bei Cosmos nachzufragen. Hermann Neuberger, das ist längst kein Geheimnis mehr, war eindeutig gegen die Berufung Beckenbauers gewesen, der sich offenbar in den Augen einiger Herrschaften des Vaterlandsverrates schuldig gemacht hatte. Und außerdem schien dieses Lotterleben mit Freundin Diana den Moralisten beim DFB auch nicht in den Kram zu passen.

Die Ignoranz zog weite Kreise. Bis in den Bundestag. Weil der CSU-Abgeordnete Dionys Jobst aus Oberfranken ebenso wie Banknachbar Richard Stücklen der Ansicht war, die Nichtberücksichtigung von Kaiser Franz sei »eigentlich ein Fall für den Bundeskanzler«, verbreitete der Pressedienst der CDU-Landesgruppe alsbald folgende Meldung:

»Der CSU-Bundestagsabgeordnete Dr. Dionys Jobst hat heute folgende mündliche Anfrage in den Deutschen Bundestag eingebracht:

›Ist die Bundesregierung bereit sich einzuschalten, daß der Rekord-Nationalspieler Franz Beckenbauer vom amerikanischen Fußball-Club Cosmos für die deutsche Fußball-Nationalmannschaft zu den Spielen bei der Weltmeisterschaft in Argentinien freigegeben wird, ohne daß dadurch die deutsch-amerikanische Freundschaft weiter Schaden leidet?‹«

Bundestagspräsident Carstens ließ zwar die Jobst-Frage nicht zur Fragestunde des Bundestages zu, aber Regierungssprecher Bölling ging dafür in einer Pressekonferenz mit gebührendem Ernst darauf ein: der Bundeskanzler wolle sich nicht in die Machtbefugnisse von Bundestrainer Helmut Schön einmischen, ebensowenig wie er sich in Tarifverhandlungen der Sozialpartner einschalte.

Immerhin, die Anfrage des Abgeordneten Jobst hatte für einigen Wirbel gesorgt. Die deutsche Nationalelf fuhr trotz allem ohne Franz

Beckenbauer nach Argentinien – um sich dort kräftig zu blamieren. Franz: »In Argentinien wurde unser WM-Titel verschenkt.«

Die Weltmeisterschaft 1978 war kaum vorüber, da machte Franz Beckenbauer seine nächste schlechte Erfahrung mit der deutschen Heimat. Mit Cosmos New York war er erstmals in Deutschland zu Gast. Und es war grausam.

75000 Zuschauer im Münchner Olympiastadion wollten Wiedersehen feiern mit Franz Beckenbauer. Aber den Franz, den sie meinten, gab es nicht mehr. 1:7 ging die Cosmos-Truppe gegen Bayern München baden, womit der amerikanische Fußball endgültig entlarvt schien und Beckenbauer auch. Gute Nacht, Kaiser. In einer Abenteurertruppe spiele er, in einer Thekenmannschaft, sagten die Leute. Der Cosmos-Torwart Brand trug die 0 auf dem Rücken, und die Zeitung »Welt« meinte, das solle schleunigst auch zur Pflicht für alle anderen gemacht werden. Ein Kaiser über Nullen.

»Manchmal habe ich ihn bedauert«, sprach Bayern-Präsident Wilhelm Neudecker, Karl-Heinz Rummenigge meinte: »Ja, natürlich, ein bißchen leid getan hat er mir schon.« Und Georg Schwarzenbeck, die ehrliche Haut: »Es hat mir weh getan, wenn ich an früher denke.«

Mitleid, das ist viel schlimmer noch als böse Kritiken. Der große Beckenbauer, diese Story schien an diesem Abend in München endgültig zu Ende geschrieben. Das »Hamburger Abendblatt« beobachtete: »Das Bild ist bedrückend: Auf dem für Muskeln und Sehnen giftigen Kunstrasen Amerikas schleppt sich Beckenbauer dem Ende seiner Karriere entgegen. Über ihm ein Himmel, von dem es Dollars regnet.«

»Ein Mann mit 33, da ist es vorbei«, sprach der gedemütigte Beckenbauer, das war auf Deutschland bezogen. »Drüben reicht es noch.« Und: »Wir sind eine Mannschaft von Stand-Fußballern.« Wann je sind die Münchner Zuschauer nach einem 7:1-Sieg so still nach Hause gegangen? Ihr Franz in einem Kasperlverein – das hat sie schwer getroffen.

Natürlich, das war der Tiefpunkt. Aber so schlecht, wie sich die Cosmos-Elf in München präsentierte, war sie nun auch wieder nicht. Aber daß New York für ihn sportlich eher ein Rückschritt denn ein Stillstand war, hat Beckenbauer auch später nie geleugnet. Wenn er die Zeit in Amerika heute trotzdem als die vielleicht wichtigste seines Lebens bezeichnet, dann hat das ganz andere Gründe. Er sagt: »Dieses

Land hat mir das freie Atmen beigebracht.« Nicht nur um Dollars ist er reicher geworden: »Die Zeit in New York hat mir in meiner persönlichen Entwicklung sehr geholfen.« In seiner Wohnung im neunten Stock an der noblen Fifth Avenue haben ihm Neugierige nicht ins Wohnzimmer schauen können wie früher in Grünwald. Und überhaupt, diese Neugierigen gab es nicht. In der Stadt der Stars ist er nur eine Nummer unter vielen gewesen. »Ich habe in New York gelernt, meine Unsicherheit nicht mehr zu verstecken.«

Er hat Mick Jagger kennengelernt, der Berater der Warner Communications war. Und Björn Borg, der ihn bewunderte. Mit Nurejew hat er Tür an Tür gewohnt, sie haben gegenseitig Karten für ihre Vorstellungen ausgetauscht, sind miteinander essen gegangen. Der große italienische Tenor Luciano Pavarotti ist bei einem Empfang in der New Yorker Metropolitan Opera inmitten der Premierengäste vor ihm auf die Knie gegangen, um dem verlegenen Beckenbauer mitzuteilen: »I love soccer.« Franz ist nichts Besseres eingefallen als zu antworten: »Me too.« Ich auch. Pavarotti lud Beckenbauer und Diana zu selbstgekochten Spaghetti mit Knoblauch und Öl ein. In der Met ist er auch dabeigewesen, als der große Karl Böhm die Strauss-Oper »Frau ohne Schatten« dirigierte. Zusammen mit Placido Domingo wurde er anschließend zu einem Essen zu Ehren Böhms eingeladen. »Das war so nett und lustig, wie ich es selten erlebt habe.« Beckenbauer: »Mir hat die Lebensweise der Leute dort sehr geholfen, diese lockere und freundliche Art.«

Nur der Sport war das Manko. Wegen Carlos Alberto, dem brasilianischen Libero, hat er sich die längste Zeit ins Mittelfeld drängen lassen. Auch der Kunstrasen forderte seinen Tribut, Beckenbauer mußte sich am Meniskus operieren lassen. Die Mannschaft spielte zwar erfolgreich, aber hoffnungslos undiszipliniert, einem Perfektionisten wie Franz Beckenbauer konnte das nicht genügen. Mit Fußball hatte die Angelegenheit erst wieder etwas zu tun, als die letzten Monate seines Cosmos-Engagements der große, unvergessene Hennes Weisweiler zu ihm nach New York stieß. Beckenbauer, der Kaiser, und Weisweiler, der die Amerikaner mit seinem weißen Haar und der rauchigen Stimme an Lee Marvin erinnerte, das war ein Traumpaar. Nur leider blieben sie nicht allzulange beisammen.

Es war zwei Tage vor Silvester, der 29. Dezember 1979. Und es war eigentlich nur ein Witz, eine Schnapsidee. Franz Beckenbauer hatte mal wieder in Deutschland, in Dortmund, gespielt. Und weit besser als alle erwartet hatten. Mit der sogenannten Weltauswahl war er gegen Borussia Dortmund angetreten, ein Benefizspiel zugunsten des Kinderhilfswerks UNICEF. Beckenbauers Mannschaft verlor 2:3, und obwohl er die zwei Monate zuvor mit Urlaub statt mit Fußball verbracht hatte, bekam Franz glänzende Kritiken. Und jede Menge Komplimente. Die »FAZ« schrieb diesmal: »Da spielte der Beckenbauer, den sie für tot und gestorben hielten, zerrieben auf Kunstrasen made in Amerika, verhohnepipelt im Disneyland des amerikanischen Fußballs. Da spielte der Franz von einst.«

Die Fans schienen ihr Idol wiedergefunden zu haben. Und diese Fans gab es überall. Im Restaurant des Dortmunder Hotels »Römischer Kaiser« zum Beispiel, da saßen nach dem Spiel Günter Netzer, der HSV-Manager und Branko Zebec, der Trainer. Netzer fragte: »Hast du nicht Lust, die nächste Saison bei uns zu spielen?« Zebec sagte: »Franz, wenn dein Vertrag bei Cosmos ausläuft, dann kommst du nach Hamburg.« Und Beckenbauer lachte. Er nahm die beiden nicht ernst, aber er feierte noch lange mit ihnen in dieser Nacht. Und trotzdem blieb ein Satz hängen bei ihm: »Komm, Franz, spiel wieder Fußball«, hatte Zebec gesagt. Der clevere Jugoslawe schien zu wissen, wie Beckenbauers Ehrgeiz zu packen ist. Denn was Ehrgeiz ist, das hatte er in den letzten Jahren in Amerika beinahe schon vergessen.

Franz Beckenbauer war hin- und hergerissen. Günter Netzer rief jede Woche in New York an, sprach schon über Taktik, über seine neue Rolle. Ganz offensichtlich, der HSV-Manager meinte es ernst. In Beckenbauer aber fanden jetzt Kämpfe statt, Kopf gegen Bauch, Logik gegen Gefühl. Und die Logik plädierte eindeutig für New York. Franz hat die Pluspunkte auf einem Zettel notiert. Da war endlich Hennes Weisweiler, das Pendant, der Trainer, auf den er so gewartet hatte. Da war ein neues Angebot von Cosmos, das ihm in den nächsten zwei Jahren weit mehr einbringen würde als die Zeit in Hamburg. Da war die Gewißheit, sich in den USA nicht mehr beweisen zu müssen. In Deutschland aber würde alle Welt nur ihm auf die Füße blicken. Da war die Frage, wie gut sein Körper dreieinhalb Jahre Kunstrasen verkraftet haben würde. Da waren die Warnungen von Weisweiler, von Manager Robert Schwan: »Du spinnst, wenn du zurückgehst.«

Und trotzdem ging er zurück.

Entgegen aller logischen Argumente. Entscheidungen sind bei Franz Beckenbauer nun mal Gefühlssache, sonst hätte er auch nie den Schritt in die Staaten gewagt. Das haben damals die wenigsten verstanden, und auch jetzt konnten ihm nicht allzu viele folgen. Schon gar nicht die Amerikaner, denen das absolut unsinnig erscheint, ein lukratives Angebot abzulehnen, um ein schlechteres anzunehmen.

Aber Franz suchte das Risiko. 35, das ist ein Alter, in dem man sich noch einmal beweisen will. Hartes Training, ernsthafter Fußball, Bundesliga-Spannung; Beckenbauer fühlte sich magisch angezogen von dem Gedanken. Im Fernsehen hat er den HSV mit 5:1 gegen Real Madrid siegen gesehen, und die Vorstellung, in dieser Mannschaft Libero spielen zu können, hat ihn geradezu begeistert.

Also pfiff er auf das Geld und sagte zu. So schlecht würde er in Hamburg nun auch wieder nicht verdienen, zumal dort ein großer Mineralölkonzern einen Teil seiner Gage bestreiten würde. HSV-Präsident Wolfgang Klein und Günter Netzer kamen nach New York, man speiste im »Régine's« und war sich schnell einig. Nur, die Saison und danach eine internationale Tournee würde er für Cosmos noch bestreiten müssen. Beckenbauer konnte es kaum erwarten. Zur Vorbereitung übte er am eigenen Beispiel. Auf Video sah er sich seine alten Spiele aus Bundesligazeiten an. Nur in München schluckten seine drei Söhne: »Papa, mußte es denn ausgerechnet Hamburg sein?«

Jascha Silverstein, der erste Cellist der Metropolitan Opera, spielte im Giants-Stadion die amerikanische Nationalhymne. Die Tribünen waren mit 71413 Zuschauern voll besetzt. Der große Pelé hatte sich nach drei Jahren erstmals wieder das Cosmos-Trikot übergezogen. Der Abschied war in ganz großem Stil inszeniert, doch der Hauptdarsteller wollte bei der Show nicht in der ersten Reihe stehen. Einen publicity-trächtigen Hollywood-Helden haben sie in der ganzen Zeit nicht aus Franz Beckenbauer machen können.

Geradezu sachlich nüchtern hob er seinen rechten Arm, marschierte dem Ausgang zu, und noch ehe die Zuschauer die Situation überhaupt richtig erfaßt hatten, war er schon verschwunden. Ein leiser Abgang.

Frankfurter Rundschau

»Warum bist du denn schon nach 62 Minuten und ohne letzten großen Auftritt vom Platz gegangen?« fragte ihn Maximilian Schell, Schauspieler, Regisseur, Fußballfan und Spielbeobachter. Beckenbauer lächelte etwas verlegen: »Ach, weißt du, ich kann das nicht. Ich habe mich ja schon in der Halbzeit offiziell vom Publikum verabschiedet. Es war schon gut so.«

Er war eben, wie er immer gewesen war. Still, bescheiden, zurückgezogen, in der Publikumswirkung kein neuer Pelé, der die Amerikaner auch mal zu Tränen rühren konnte. Den einen haben sie geliebt, den anderen bewundert. »Danke Franz, wir sind reicher, seit wir ihn gesehen haben«, schrieb Phil Woosnam, der wichtigste Mann der North American Soccer League (NASL), in einem Beitrag für das Programmheft des

Abschiedsspiels. Und selbst der Jugoslawe Bogicevic, jahrelang alles andere als ein Freund Beckenbauers bei Cosmos, verstieg sich zum beinahe poetisch anmutenden Kompliment: »Wenn Franz den Ball spielt, hat der Ball Augen. Der Ball findet den Spieler, egal, wo er ist.«

Er hat viele Freunde in New York zurückgelassen, gute Freunde. Und sie haben ihm einen Abschied bereitet, wie er ihn sich wenigstens ansatzweise auch in München gewünscht hätte. Aber da hat er Neudekker sogar noch 350000 Mark abliefern müssen. Cosmos hatte ihm für eine Nacht das höchste Restaurant New Yorks im World Trade Center gemietet. Es gab eine launige Abschiedsfete, ein herrliches Essen, Champagner, Tränen, Umarmungen, Geschenke. Ein Stück Kunstrasen, den er nicht mochte, von den Mannschaftskollegen. Ein Fotoalbum von den Cosmos-Sekretärinnen. Eine Silberplatte, eine Bronzestatue und ein Richtung Westen startendes Miniatur-Flugzeug.

»Franz, wir warten auf dich«, sprach der Cosmos-Präsident mit Tränen in den Augen. »Komm nach zwei Jahren wieder, der Vertrag liegt in meinem Schreibtisch.« Der Reporter der »New York Daily News« schloß seinen Bericht beinahe melancholisch: »Er hat uns den brillanten Fußball gezeigt. Das ist es, was wir vermissen werden.«

In Deutschland übertrug das Fernsehen sein letztes Spiel für Cosmos, das ihm die dritte US-Meisterschaft und noch einmal glänzende Kritiken bescherte. »Jetzt haben alle gesehen, warum wir den Franz holen«, meinte in Hamburg HSV-Manager Günter Netzer. Und in München geriet am Bildschirm Petar »Radi« Radenkovic ins Schwärmen: »Für mich war es, als ob die Zeit stillstand.«

Libero beim HSV

»Packen wir's?«

Franz Beckenbauer ist regelrecht zusammengezuckt bei der Frage, ganz bleich im Gesicht geworden. Noch einmal: »Bist du bereit?« fragte Branko Zebec, sein neuer Trainer. Das war der 15. November 1980 im Neckarstadion, der Hamburger SV spielte beim VfB Stuttgart, gleich war Halbzeit. Als er zu Spielbeginn den Platz neben Zebec auf der Trainerbank eingenommen hatte, da wäre Beckenbauer nicht im Traum der Gedanke an einen Einsatz gekommen. Auch wenn er auf dem

Spielberichtsbogen als Nummer 12 eingetragen stand. »Bist du bereit?« – »Ich bin immer bereit.« Co-Trainer Aleksandar Ristic hat ihn in der Pause auf dem Platz warmgemacht, zum Umziehen in die Kabine ist er erst wieder gegangen, als die Kollegen bereits herauskamen.

Die Stadionuhr stand auf 16.29 Uhr, und Beckenbauer feierte ein Bundesliga-Comeback, das auch die Amerikaner so hätten inszeniert haben können. Schiedsrichter Linn hatte das Spiel bereits wieder angepfiffen, da trabte die Nummer 12 des HSV erst unter dem Plexiglas aus der Kabine. Franz Beckenbauer kam gleich in seinem ersten Spiel für den HSV zu spät. An der Außenlinie hob er die Hand, jeder sah es deutlich: Der Kaiser meldet sich zurück.

Nach 396 Einsätzen für den FC Bayern München, nach dreieinhalb Jahren Abstinenz, gehörte die Bühne Bundesliga mit einem Mal wieder nur ihm. Und, was keiner glauben wollte, der Kaiser nahm das Zepter gleich in die Hand, übernahm sofort die Hauptrolle in diesem Spiel, nur zu bereitwillig ordneten sich die Kollegen unter. Auch wenn die Partie mit 2:3 verlorenging, Fußball-Deutschland feierte erleichtert und begeistert seinen Heimkehrer. Doch wie immer, auch diesmal wiegelte Bekkenbauer nach 44 Minuten Bundesliga ab: »Meine Leistung ist uninteressant. Wir haben durch dumme Tore verloren, das ärgert mich.« Doch nach gerade mal sieben Tagen Training mit dem HSV brauchte er sich wirklich nicht zu beschweren. »Ich hatte Schiß«, gab er später zu.

Im zweiten Spiel, gegen den Karlsruher SC, gab es immerhin den ersten Sieg für ihn, und Franz Beckenbauer begann verbissen an sich zu arbeiten. Wenn es sein mußte, legte er bei Branko Zebec ein Sondertraining ein, in seiner Hotelsuite ließ er zwei Kraftmaschinen aufbauen, um den Körper in Form zu halten. Seinen Körper zu pflegen, das war ihm schon immer das Wichtigste gewesen. Denn dieser Körper war sein Kapital.

Und Beckenbauer sollte sehr schnell zu spüren bekommen, was es bedeutet, über sein Kapital nicht mehr frei verfügen zu können. Hatte er, von seiner Meniskusoperation in New York einmal abgesehen, nie ernsthafte Schwierigkeiten mit der Gesundheit gehabt, so traf es ihn zum Ende seiner Karriere in Hamburg knüppeldick. Kaum daß er Fuß gefaßt hatte in der HSV-Mannschaft, in der Bundesliga, warfen ihn Verletzungen immer wieder zurück. Als sich Beckenbauer im August 1981 bei einem Turnier in Brüssel einen Adduktoren-Abriß zuzog, mußte er gleich zwei Monate pausieren. Doch auch am 24. Oktober gegen Arminia Bielefeld dauerte seine Rückkehr nur 85 Minuten, diesmal war es die Achillessehne, die sich entzündet hatte.

Prellungen, Zerrungen, irgend etwas war fortan immer, und Franz bekam kaum noch ein Bein auf die Erde. Seiner Form lief er unter solchen Bedingungen natürlich vergeblich hinterher, und als es schließlich gar nicht mehr klappen wollte, entschloß er sich zu einem spektakulären Schritt: Der Kaiser dankte freiwillig ab, zumindest auf Zeit. Die Hamburger Zuschauer hatten ihn beim schwachen 3:2 im UEFA-Cup-Spiel gegen Xamax Neuchâtel am 4. März 1982 ausgepfiffen und ausgebuht. Wie nie zuvor war ihm vom deutschen Publikum Hohn und Spott entgegengeschleudert worden. Also trat Beckenbauer die Flucht nach vorne an und bat Trainer Ernst Happel, ihn vorerst nicht mehr in der Stammelf zu berücksichtigen. Die Diskussionen, ob man den Kaiser nicht doch noch für die Weltmeisterschaft in Spanien nominieren sollte, waren somit hinfällig geworden.

»Es ist bedauerlich, daß seine Laufbahn so ausklingt. Das hat er nicht verdient. Er war der Spieler, der den Fußball in seiner ganzen Schönheit und Attraktivität präsentiert hat«, sprach Bundestrainer Jupp Derwall.

Doch Beckenbauer kam noch einmal wieder, und mit ihm, als offenbar ständiger Begleiter, sein Verletzungspech. Trainer Happel plagten Personalprobleme, und so lief Franz 27 Tage nach seinem freiwilligen Rückzug gegen den VfB Stuttgart noch einmal auf. Doch Undank ist der Welt Lohn, vom eigenen Kollegen Horst Hrubesch bekam er, unabsichtlich natürlich, das Knie in den Bauch gerammt, noch am Abend mußte Beckenbauer mit einem Nierenriß ins Eppendorfer Universitäts-Krankenhaus gebracht werden.

Der Hamburger SV wurde deutscher Meister und Beckenbauer mit ihm. »Selbstverständlich fühle ich mich auch als Meister, ich kann doch nichts dafür, daß ich öfter aussetzen mußte wegen der Verletzungen«, sagte er. »Natürlich bin ich traurig, daß die letzte Saison verkorkst war. Doch ich kann meinem Körper nicht böse sein. 17 Jahre hat er treu gedient, im 18. hat er mal gestreikt. Das ist sein gutes Recht.«

Der Geist war willig, nur das Fleisch leider schwach. Seinen gebührenden Abschied sollte er doch noch bekommen. Am 1. Juni 1982, zehn

Tage vor der Weltmeisterschaft, haben sie ihm im Volksparkstadion ein Fest organisiert. Hamburger SV gegen die deutsche Nationalmannschaft. Der HSV verlor mit Beckenbauer 2:4, noch einmal ließen sie den Kaiser ein Tor schießen, das zusätzliche Eigentor war nicht vorgesehen. Vielleicht dokumentiert am deutlichsten die Reaktion des Stadionsprechers die verklemmte, unsichere Beziehung der Hamburger zu Beckenbauer, dessen Namen der Mann am Mikrophon nach diesem Mißgeschick schamhaft verschwieg. »Damit steht es 3:0 für die Nationalelf«, sagte er nur. Daß nur ja kein Schatten auf diesen Galaabend fällt.

Sie mühten sich alle redlich, aber die große Stimmung blieb aus. Das Stadion war mit 30000 Zuschauern gerade mal halb gefüllt, und auch, als um 22.13 Uhr der Schlußpfiff von WM-Schiedsrichter Walter Eschweiler die Karriere von Franz Beckenbauer beendete, als er noch einmal ins Publikum winkte, sprang der Funke nicht mehr über. Da war immer noch Distanz, wie sollte es auch anders sein, nach nur eineinhalb Jahren. Einer der ihren, wie es Uwe Seeler war, hat er in dieser kurzen Zeit kaum werden können. »Nichts gegen Hamburg, aber in München, der Heimat von Franz, wäre der Rahmen vermutlich doch glanzvoller gewesen,« sagte Helmut Schön. Der Ex-Bundestrainer fand es »sehr, sehr schade«, daß Beckenbauers Abschied nicht zu einem prunkvollen Galaabend geriet.

Doch wenigstens flochten ihm die, die ihn mochten und verehrten, am Ende noch einmal die schönsten Kränze.

Dettmar Cramer: »Er war ein Ausnahmetalent mit dem sechsten Sinn für Bewegungs- und Raumgefühl. Er wäre in jeder Ballsportart ein Großer geworden.«

Branko Zebec: »Beckenbauer war und ist eine besondere Erscheinung im Weltfußball. Ich habe ihn als Gentleman in jeder Beziehung kennen- und schätzengelernt.«

Hennes Weisweiler: »In den letzten zwanzig Jahren haben drei Leute den internationalen Fußball geprägt. Das waren in dieser Reihenfolge Pelé, Beckenbauer und Cruyff. Mehr braucht man über seine Bedeutung gar nicht zu sagen.«

Pelé: »Es war für mich ein Geschenk des Himmels, das letzte Jahr meiner Karriere mit Franz Beckenbauer gemeinsam gespielt zu haben.«

Johan Cruyff: »Beckenbauer ist für mich der größte Spieler der Fußball-Geschichte. Im persönlichen Zusammentreffen habe ich ihn immer als vorbildlichen Gentleman kennengelernt.«

Helmut Schön: »Beckenbauer war ein Glücksfall für den Fußball. Man muß ihn in einem Atemzug mit großen Spielern wie Pelé, di Stefano, Didi und Fritz Walter nennen.«

Ernst Happel: »Ein Spieler wie er wird nicht oft in einem Jahrhundert geboren. Das ist ein Genuß für jeden Trainer, mit ihm zu arbeiten. Schon die bloße Anwesenheit eines solch genialen Spielers stärkt die Moral der Mannschaft. Einen Mann wie ihn habe ich noch nie erlebt. Er ist eine Perle von einem Menschen.«

Karl-Heinz Rummenigge: »Franz Beckenbauer hat den Fußball salon- und gesellschaftsfähig gemacht. Vorher stellten sich die Leute den Fußballer als einen Menschen ohne Hirn vor. Wir alle haben Franz viel zu verdanken.«

Kaiser Franz, wir danken dir

Das Ende, der Abschied, ist für Franz Beckenbauer gleich wieder ein neuer Anfang gewesen. Rund eine Million Mark hat ihm dieser Abend an Zuschauer- und Fernseh-Einnahmen gebracht, und er hat diese Summe gleich als Startkapital seiner »Franz Beckenbauer Stiftung« hergenommen.

Das sollte sein neues Leben sein: Von allem ein bißchen, aber von keinem so viel, daß es ihm auf die Nerven gehen könnte. Ein bißchen Tennis, ein bißchen Golf. Hier etwas Spaß, dort etwas Wohltätigkeit. Und, weil er glaubte, sich dadurch den Kontakt zum Fußball zu erhalten, Kolumnen schreiben für »Bild«. Der Einstieg ins Kabelfernsehen gelang nur bis zur Planung. Und doch kam er vom Ball nicht los. Als Cosmos 1983 rief, ging er noch einmal für ein paar Monate rüber. »Die haben mich so lange bekniet, bis ich nachgegeben habe.« Aber das auch mehr zum Vergnügen.

Warum nicht Bundestrainer werden? »In den nächsten vier Jahren steht das Thema Bundestrainer bestimmt nicht zur Debatte«, das sagt er im Herbst 1983. »Außerdem habe ich die Trainerlizenz auch gar nicht.«

Kitzbühel wurde die neue Heimat. »Ich mag diese Stadt. Die Tiroler haben eine Mentalität, die der Münchner Art sehr ähnlich ist.« Sarnen in der Schweiz, wohin er während seiner Amerikazeit den Wohnsitz verlegte, und wo er jetzt noch eine Tennisanlage hat, sollte beibehalten werden. Beckenbauer im Ruhestand? »Bei soviel Beschäftigungen komme ich oft genug ins Schleudern«, sprach er.

Dem Fußball aber blieb er konsequent auf den Fersen. Er sah schon früh, was kommen würde: »Die dunklen Wolken zogen bereits auf, als 1983/84 alle Bundesligaklubs aus dem Europacup flogen. Der Abwärtstrend hält seit der WM '82 an und hat eigentlich schon nach der siegreichen WM '74 begonnen.« Deshalb, so Beckenbauer, »ist das Debakel bei der EM '84 auch nicht wie ein Blitz aus heiterem Himmel gekommen.«

Franz Beckenbauer hat die Europameisterschaft in Frankreich als Zeitungs-Kommentator vor Ort verfolgt. Die Beurteilungen, die er niederschrieb, wurden im Verlaufe des Turniers immer bissiger, aber sie blieben sachlich und fair, was den Bundestrainer Jupp Derwall angeht. Doch was nützt es, wenn der wahre Fachmann hilflos an der Schreibmaschine sitzt! Die deutsche Mannschaft mußte nach dem 0:1 gegen Spanien bereits zum Ende der Vorrunde wieder nach Hause reisen. Und auch der Kommentator hatte ausgeschrieben.

Wir saßen in der gleichen Maschine, Paris–München, am 22. Juni 1984. Unter »Kollegen« wird solch eine Frage ja erlaubt sein: »Was hast du geschrieben für die heutige Ausgabe«, wollte ich wissen. »Mal sehen, ich laß mich überraschen«, gab er zurück und schmunzelte wohlwissend, daß das von ihm Abgelieferte und das letztendlich Gedruckte nicht immer das gleiche sein mußten. Und die Überraschung war nicht zu klein geraten, als er kurz drauf am Kiosk stand: In »Bild« hatte er sich selbst als Nachfolger von Jupp Derwall angeboten, obwohl der noch nicht einmal offiziell seinen Rücktritt erklärt hatte.

Sein Manager Robert Schwan hatte über seinen Kopf hinweg einen raffinierten Doppelpaß mit den Zeitungsleuten gespielt. Über eine Position etwa des Technischen Direktors könne man mal mit ihm reden, das hatte Beckenbauer nach dieser verkorksten Europameisterschaft von sich gegeben. Aber vordrängen wollte er sich da beileibe nicht. Am nächsten Tag, jenem 22. Juni, las sich die Willenserklärung des neuen

Bundestrainers, fünfmillionenfach als Schlagzeile auf Seite eins gedruckt, schon sehr viel direkter: »Franz: Bin bereit«. Und Beckenbauer dachte, »mich trifft der Schlag«.

Jetzt saß er im Schlamassel und konnte nicht mehr zurück. »Plötzlich hängst du da drin und kannst nicht mehr sagen, das war Spaß oder ein Mißverständnis.«

Die Wellen schlugen immer höher, das Projekt Nationaltrainer wurde zum Selbstläufer, und schließlich traf er sich, nach Paris zurückgekehrt, zu Verhandlungen mit Hermann Neuberger, den er keine vier Jahre vorher noch einen »Denunzianten und Pharisäer« geschimpft hatte. Mittlerweile hat er sich längst entschuldigt für diesen Ausspruch.

Mit einem Mal, ehe er sich versah, war Franz Beckenbauer Teamchef der deutschen Nationalmannschaft. Auf diesen Terminus hatten sich die beiden geeinigt, weil ihm zur Berufsbezeichnung Trainer die erforderliche Ausbildung, sprich Lizenz fehlte. Was also tun, wo er sich doch vom Fußball schon ein ganzes Stück entfernt glaubte? Beckenbauer ging am nächsten Morgen an den Kiosk und kaufte das Fachblatt »Kicker«. Franz: »Da habe ich erst einmal nachgelesen, was in der Bundesliga los ist, wer da überhaupt spielt. Ich hatte doch keine Ahnung mehr.«

Die hat er für alle überraschend schnell bekommen, und er hat sein Wissen problemlos vermitteln können. Einem wie ihm wird jedes Wort abgenommen. Denn in Sachen Fachkompetenz, und das hat er all seinen Vorgängern voraus, kann ihm keiner das Wasser reichen.

Franz Beckenbauer hat den deutschen Fußball in kürzester Zeit wieder glaubwürdig gemacht. Und das war gar nicht so einfach, so tief war er gesunken. Die deutsche Nationalmannschaft, die, das ist noch gar nicht so lange her, im eigenen Sumpf unterzugehen drohte, hat er geradezu triumphal zur Weltmeisterschaft 1986 nach Mexiko geführt. Und die Experten sagen den Deutschen bei diesem Turnier gar nicht so schlechte Chancen auf den Titel voraus.

Die Fans in Fußball-Deutschland beginnen diese Mannschaft wieder zu mögen. Ihre Liebe zum Teamchef Franz Beckenbauer, dem Heilsbringer, haben sie längst schon auf Transparente geschrieben wie dieses:

»Kaiser Franz, wir danken dir, du Retter der Nation.«